ANDROMAQVE

TRAGEDIE.

K. Racine
(1)

A PARIS,

Chez THOMAS IOLLY, au Palais, en la
Salle des Merciers, à la Palme, & aux
Armes d'Hollande.

M. DC. LXVIII.

Auec Priuilege du Roy.

21

RACINE

EPIMATH

HARRAP'S FRENCH CLASSICS

ANDROMAQUE

By
RACINE

EDITED WITH AN INTRODUCTION
AND NOTES BY
H. R. ROACH M.A. (Cantab.)
Headmaster Hymers College, Hull

AND A NOTE ON FRENCH VERSIFICATION BY
R. P. L. LEDÉSERT
Licencié-ès-Lettres, Licencié en Droit ()

WITH SIX ILLUSTRATIONS

HARRAP LONDON

First published in Great Britain 1948
by HARRAP LIMITED
19-23 Ludgate Hill, London EC4M 7PD

Reprinted: 1950; 1951; 1954; 1955; 1960; 1961; 1963; 1964;
1965; 1967; 1970; 1973; 1975; 1979; 1980; 1981; 1982;
1983

ISBN 0 245-52249-2

*Composed in Garamond type and printed and bound by
Robert Hartnoll Ltd. Bodmin, Cornwall*

Made in Great Britain

INTRODUCTION

1. THE BACKGROUND

The Ideas

It is a characteristic of French literature which distinguishes it from ours that in France criticism has always gone hand in hand with creative literature. A French writer rarely " warbles his native wood-notes wild " with the unpremeditated ease which those words suggest. His work is set against a background of critical theory and stands in some relation to a body of literary doctrine, either accepting, modifying, or vigorously rebutting it. The literary and artistic school is something very typically French. Our literature is strong in isolated figures, though of course no writer is independent of his contemporaries and predecessors. But the deliberate enunciation of a literary theory, the adoption of an artistic platform is comparatively rare to us, and a doctrine so adopted is most frequently derivative. Do we not owe not only the words but also the ideas of classicism, romanticism, naturalism, impressionism, surrealism all to France ?

In the following pages a sketch is given of the literary theories and tendencies of the seventeenth century in France. The reader should remember that the compression required by a sketch necessitates an oversimplification that can be misleading. Each theory, each literary school had its opponents, each great practitioner his stubborn enemies.

The Sixteenth Century

The literary doctrines of the French sixteenth century had been those of the Pléiade, that group of writers centred about Ronsard and du Bellay, who called themselves the Pleiades, because they were seven, like the shining stars of that constellation. The very bombast of the name is indicative. Seeing their language despised by Latin pedants and reckoned only as an inferior dialect, they aimed, with the confidence and energy of youth (" Je vais lire en trois jours *L'Iliade* d'Homère ") at the creation of a literature, of a French literature, which should stand comparison with the great literatures of Greece and Rome. To this end they strove to enrich their tongue with words borrowed from Greek and Latin, from Italian and Spanish, with words revived from old provincial dialects, with technical terms, and with diminutives and doublets newly coined. Then for the first time French ears heard strange neologisms like *hiulque* (gaping), *oblivieux* (forgetful), and *spélunque* (cavern), the resounding *porte-flambeaux* (torch-bearing), and *haut-bruyant* (deep-sounding), the lilt of *âmelette* (little soul), and *doucelette* (darling), and *archerot* (cupid). The Pléiade strove to incorporate into French poetry all the genres of the great classical past. Their success is written in a page of wonderful freshness and vigour in the literature of France, and the sonnets and odes of Ronsard and du Bellay have a spontaneity such as no later age fully recaptured.

The Seventeenth Century

But the very vigour of their innovations led to excess and to the reaction which is as inevitable in art as in physics. To a later generation, the generation of the early years of the seventeenth century, it seemed that the French tongue teemed with impurities and confusion, the natural result of Ronsard's belief that the greatness of a language is measured by the size of its vocabulary. These provincialisms, these words from Greek, Latin, and Italian, hewn into French forms, sounded uncouth to more sober ears; the versification of the Pléiade appeared careless, the form of its poetry too free, too undisciplined. This one word 'undisciplined' describes best the nature of the charge levied against the Renaissance writers by the succeeding age. In the interval France had been subject to a long period of civil wars and dissensions and the seventeenth century had seen vigour and wildness and licence too much, not only in literature but in manners. The desire now was for discipline, for order, for refinement, for the establishment of rules and law, for the reign of authority. The purification of language went hand in hand with the purification of morals and the conventions of social intercourse. Malherbe was but the literary counterpart of Pascal, the moralist, and Richelieu, the statesman.

Malherbe, the great leader of this new literary reformation, has left no formal *exposé* of his theories, vast though his influence was. We know them only from the poems which he himself wrote, from his marginal comments on the poems of Desportes, from the *Mémoires* of a disciple, and from the published attacks of his enemies. In the view of Malherbe, French literature at the turn of the century had three main tasks : to rid itself of the excesses introduced into the vocabulary by the Pléiade, even at the risk of making that vocabulary poorer (Malherbe declared that his writings should be intelligible to a street porter); to introduce order into versification, tightening the rules of cæsura, hiatus, and *enjambement*,[1] and insisting upon regularity in the arrangement of lines and stanzas; and finally to place before itself the ideal of perfection in form and style. Upon his fellow-writers Malherbe would impose a severe self-criticism and self-discipline. Not for him the lines thrown off in "a fine frenzy," the traditional manner of a poet; he advocated the laborious

[1] See Section 6.

polishing of each phrase, each line. Where Ronsard had thought to expand, he advocated restriction, compression.

Malherbe in his turn had his critics. But the opinions of the chief writers of his age were with him. In the year after his death, in 1629, a group of men of letters began to meet together each week in a private house in Paris. This informal gathering of men of culture admitted among its members the Abbé de Boisrobert, who spoke of it to Richelieu, with the suggestion that the society should be made into an official body under the patronage of the king. Richelieu and Louis XIII agreed and the gathering received the royal authorization in 1635. So was born the great French Academy which has existed without interruption to our day : a living body of authority on literary matters that, in spite of Matthew Arnold's plea, has still (characteristically) no counterpart in Britain.

The Académie Française

It is clear from the statutes of the Academy that Richelieu had three tasks for its members : to determine a correct speech by means of an authoritative dictionary and grammar ; to draw up a thesis on rhetoric and poetry for the guidance of the literary world ; and to pass judgment on words submitted to it. Of these designs, none was fully realized. The Academy dictionary, completed in 1694, exists. But its compilation proceeded with irritating slowness, and Vaugelas, who received a salary of 2000 livres to begin it, found time to produce a book of much more influence on the literature of his age—his *Remarques sur la langue française*. This work, addressed to those who used to be called ' the best people ' (*les gens du monde*), did not attempt to be didactic but merely to remind people of education of what was ' done ' in speech and writing. Vaugelas appeals to *l'usage*, just as Lord Chesterfield, in his admonitions to his son, reminds him of what the best people do. This word too is indicative of the period : when in doubt look to *l'usage*. " L'usage," said Bossuet, " est appelé avec raison le père des langues."

The Salons

The cult of formality and grace in manners and in literature was fostered at the same time by the *salons* which became fashionable in Paris and the provinces at the turn of the century. These unofficial counterparts of the *Académie* began as assemblies of people of birth and refinement, who revolted against the licence and crudity of society under the last Valois. In time, they became the resort not only of nobles and ecclesiastics but of the foremost literary men. The most famous *salon* was that of the Marquise de Rambouillet, who drew together in her town house (*hôtel*) in Paris a scintillating gathering of titled ladies, great nobles like the Prince de Condé and his son the Duc d'Enghien, church dignitaries like Bossuet and Richelieu himself, and writers such as Malherbe, Vaugelas, Scarron, Corneille. Here, in the celebrated *chambre bleue* of the Marquise, they would discuss literary topics and argue upon style, grammar, and even syntax ; they would analyse character and emotions or listen to excerpts from the authors' works. Guez de Balzac and Voiture gave readings from their letters, Bossuet preached one of his earliest sermons, and Corneille declaimed his *Polyeucte* in the Hôtel de Rambouillet. Conversation and wit, the undying distinction of France, were above all fostered there, and the tone was one of refinement, of *bon goût*, that second bright star, with *l'usage*, of the firmament of the seventeenth century.

The Influence of Descartes

To the purely literary and social influences was added that of philosophy. In 1637 a book was published under the significant title : *Discours de la méthode pour bien conduire sa raison et chercher la vérité dans les sciences*—for short, *Le Discours de la Méthode*. The writer, Descartes, enunciated four principles to " guide one's reason," of which the first two are most important for our study ; the first " de ne recevoir jamais aucune chose pour vraie que je ne la connaisse évidemment être telle "—in which the emphatic word is *évidemment* ; the second " de diviser chacune des difficultés que j'examinerai en autant de parcelles qu'il se pourrait et qu'il serait requis pour les mieux résoudre "—the principle of analysis. Descartes rejects all authority in philosophy and all propositions except the one which he regards as incontrovertible and upon which he will base the edifice of his philosophy : the proposition, *Je pense, donc je suis*.

But while awaiting the completion of this edifice, it is necessary to adopt some line of conduct ; so Descartes produced his *morale provisoire*, again enshrined in four principles : to obey the laws and customs of his country, following the most moderate views and those the furthest removed from excess ; to be as unyielding and constant in his actions as possible, and tenacious in the examination of even the most unlikely views ; to endeavour to conquer himself rather than circumstances and to accustom himself to think that nothing is so entirely in our power as our thoughts ; and lastly, to spend his whole life in the cultivation of his reason and in the increase of the knowledge of truth. In matters of philosophy, a fundamental scepticism and rejection of authority and, in conduct, self-discipline, stoicism, and the happy exercise of the faculty of reason : these were the tenets of Descartes. And it is interesting to observe that as in literature *l'usage* is to be the guide and in social manners *le bon goût*, so in the sphere of conduct Descartes declares that he will follow the opinions " qui fussent communément reçues en pratique par les mieux sensés de ceux avec lesquels j'aurais à vivre." The seventeenth century believed a correct code existed—it was to be sought in the practice of people of taste, refinement, and good sense. The full effect of Cartesianism was not felt till the eighteenth century. But France owed to Descartes one outstanding characteristic of the period of literature under review : the cult of reason, which interpenetrated the whole ideology of the age, sharpening and imparting greater precision to the pre-existent tendencies of the period. " Il règne," said Fontenelle in 1688, " non seulement dans nos bons ouvrages de physique et de métaphysique, mais dans ceux de religion, de morale, de critique, une précision et une justesse qui, jusqu'à présent, n'avaient été guère connues." Believing in the sovereign power of reason, writers turned to an almost scientific, a wholly modern examination of the human soul, but of the soul of Man in general, not to an introspective probing of their own individual souls. With the omnipotence of *la raison* they could neglect imagination and sensibility, disregard accuracy in historical detail, ignore nature. "Le XVIIe siècle," says Brunetière, " est tout occupé d'approfondir la connaissance de l'homme et de débrouiller . . . cet inconcevable amas de contradictions que nous sommes."

Towards the end of the century, Racine's great friend, Boileau, summarized in his *Art Poétique* the characteristics which marked his contemporaries' writing. They are expressed in the form of precepts :

Tout doit tendre au *bon sens* ; mais. pour y parvenir,
Le chemin est glissant et pénible à tenir.

Vingt fois sur le métier remettez votre ouvrage ;
Polissez-le sans cesse et le repolissez ;
Ajoutez quelquefois et souvent effacez.

Aimez donc *la raison* : que toujours vos écrits
Empruntent d'elle seule et leur lustre et leur prix.

2. THE EARLY THEATRE

The Origins

Greek tragedy appears to have grown from the ceremony of the annual festival in honour of Dionysus, when,
to do honour to the God, a choir chanted of his deeds and
prowess, while their leader (the first actor) gave a panto-
mimic illustration to the chant. After the long years of
the dark ages, when the Greek tragic tradition and the
derivative theatre of Rome were lost, or recalled only by
the buffooneries of the court mime, drama was reborn, in
France as in England, again as the child of religious
worship. At the great Church festivals of Easter and
Christmas the custom grew to portray the birth and
resurrection of Christ as part of the Church service—such
portrayals (*ludi* or *repraesentationes*) being given by members
of the clergy. So elaborate was the arrangement of the
church necessitated by these *drames liturgiques* that the
stage spread to the steps and to the open space in front
and finally was transported completely to the greater
freedom of the market square. When the vernacular was
used instead of Latin and when the clergy were replaced
as actors by the laity (during the twelfth century), the
beginnings of modern drama came into being. The
oldest French play is the *Représentation d'Adam* of the
twelfth century, the author of which is unknown. Of the
thirteenth century, two dramas survive, and of the four-
teenth, some forty-three, all written in octosyllabic
lines, each pair of lines rhyming. Almost all are *Miracles
de Notre Dame*, and tell of the miraculous intervention of
the Virgin in human affairs—the *Miracle de la conversion de*

Clovis, the *Miracle d'un chanoine qui se maria*, etc. These, for obvious reasons, are called miracle plays.

The other type of medieval drama in France is the Mystery Play (*Mystère*). The word 'mystery' as here used is derived from the Latin *ministerium* (service) and was anciently and correctly written *mistère*, before popular use corrupted the spelling to *mystère*. These plays dealt not with the intervention of the Virgin in human affairs, but with episodes drawn from the Old Testament, the New Testament, and the Lives of the Saints. Those which depicted the life of Christ were styled *Mystères de la Passion*. The *Mystère des Actes des Apôtres*, by the brothers Gréban, contained 61,968 lines and required several days for performance. Naive, extremely lengthy, with a cast of a hundred characters or more, lacking all dramatic unity, and mingling tragedy with farce and vulgarity, these plays can be read today only with difficulty. But the genre proved very tenacious of life and retained its popularity, in spite of ecclesiastical interdict, well into the seventeenth century.

Performances and Actors

In the church in which French drama was born the various settings for the action appeared simultaneously—arranged in order round the church, from Heaven to Hell, with Noah's Ark, the Garden of Eden, etc., in between. Each set was known as a " mansion," and when the theatre was later placed on a scaffolding in the market square the same " mansions " were used, a forest, a castle, a hall being represented by a few token trees, a fragment of wall, and an armchair. This so-called *décor simultané* proved very persistent and was still being used by Alexandre Hardy in the first decades of the seventeenth century. In medieval France there was no permanent theatre and no permanent company of actors. Plays were performed by societies of amateurs, such as the celebrated *Confrères de la Passion*, who would advertise a performance by a great parade around the town with clowns and fanfares. The spectacle lacked all verisimilitude and historical probability, but the ears of the people in the pit were split by the most horrific stage effects—the entry of God or the Devil with thunder and lightning, the crackling flames of Hell, and screaming, painted demons.

The *Confrères de la Passion* obtained from Charles VI in the early fifteenth century the monopoly of producing mystery plays in Paris. In 1548 they acquired part of the Hôtel de Bourgogne. But in the same year the opposition of the Church, which had formerly favoured the Mysteries, reached a head, and a decree of the *Parlement* forbade the *Confrères* to perform mystery plays again. This decree struck a heavy blow at the theatre. The *Confrères de la Passion* continued to produce the farces and morality plays beloved of the mob, and the Mysteries, though forbidden in Paris, survived in the provinces. Except for a few companies of strolling players who produced popular plays in the provinces, France was without professional actors until the seventeenth century, and the new drama of the Renaissance had no permanent stage and had to rely for performance upon colleges or the houses of the great. To this fact may be largely attributed the very uneven quality of Renaissance drama.

The first company of professional actors in Paris rented the Hôtel de Bourgogne from the *Confrères de la Passion* in 1599. Known first as the *Troupe de l'Hôtel de Bourgogne*, they later received the authorization of Louis XIII to adopt the name of *Troupe Royale*. With their chief actor Montfleury, renowned for his declamatory style, they produced almost all the plays of Corneille and Racine. Their keen rivals were the *Troupe du Marais*, which performed the *Cid*. Later there was Molière's own company, the *Troupe de Molière*, which held its performances in the Hall of the Petit-Bourbon, and later in the Palais Royal. Molière's *Impromptu de Versailles* gives an interesting picture of this company, whom he besought, like Hamlet and unlike Montfleury, not to " tear a passion to tatters." On Molière's death, his company and the *Troupe du Marais* joined forces at the Hôtel Guénegaud, and in 1680 the *Troupe de l'Hôtel de Bourgogne* and that of the Hôtel Guénegaud amalgamated, to become, by royal command, the *Comédie-Française*.

Besides these theatres there existed an Italian company (*la comédie italienne*) which was expelled in 1697 after giving offence to Mme de Maintenon, and the *Opéra*, founded in 1669, and directed for a time by Lulli. Farces were also performed by strolling players in the open air on the Pont Neuf; didactic plays, written by the reverend fathers themselves, were produced in the *collèges des Jésuites*; and we shall see how Mme de Maintenon introduced theatrical performances into the college of Saint-Cyr, which she had founded for the education of 250 daughters of the indigent nobility.

But even in the seventeenth century the theatre laboured under heavy restrictions. Performances were much less frequent than nowadays. It would be rare for a company to give as many as three performances a week. Plays were originally put on at two in the afternoon, but after representation from the ecclesiastical authorities, they were postponed until after evensong, that is, until some time after five o'clock. By a curious convention tragedy was performed normally in the winter and comedy in the summer. The dimensions of the theatre were small, yet a surprising number of spectators was crowded into a small space. The *Comédie Française* held as many as 1500–2000 people in the latter part of the century. The sole lighting effects were produced by candles, in the pale glow of which the actor had to apostrophize the "bright orb of the sun"! The majority of the spectators stood in the body of the theatre, as in England until comparatively recently. They were extremely rowdy, and had been used to showing their disapproval of a play by throwing stones, fruit, or vegetables on to the stage. It is noted as a refinement of the seventeenth century that the spectators merely whistled at an unpopular performance. The nobility sat either in boxes or on the stage itself, ruining the dramatic probability and often making as much noise as the pit. As Molière says of one be-ribboned gallant who planted himself in the middle of the stage, he,

> De son large dos morguant les spectateurs,
> A trois quarts du parterre a caché les acteurs.

And the story is told of the entry of a ghost in one of Voltaire's plays : as the "spirit" elbowed his way through the crowd on to the stage a wag in the audience set up the cry : "Place à l'ombre ! Place à l'ombre ! "

The stage setting was still primitive, probably inferior to that of the ancient Greeks. The drop curtain was unknown and if the *décor simultané* was not used, the scene invariably depicted a palace, or a square, or an open field. More elaborate scenic effects were produced by the clumsy device of letting down a cloth on which, for example, an army crossing a river would be painted. The costumes disregarded historical probability. A stereotyped robe, thought to be Roman, was employed for scenes laid in classical antiquity ; over this could be worn a breast-plate, and on the head a helmet—perched on top of the wig ! Such a cumbersome costume did not incommode the actor, since the style of acting required statuesque poses rather than quickness of gesture.

The Rules of Drama

Besides these purely physical limitations the French theatre of the seventeenth century was further restricted by fairly rigid dramatic conventions, of which the most important was the celebrated rule of the three unities. In his examination of the practice of the dramatists of the great age of Greece, Aristotle had laid down as a principle that a play should preserve the unity of action, admitting no sub-plots or other divergences from the main theme. He had spoken of the unity of time—that the action of a play should be contained in the period of a day or little more—as being the practice of the foremost Greek tragedians up to his time. But of the unity of place—that the scene of a play should be laid in one and the same setting throughout—he had not said a word, since a Greek play, having no intervals, did in fact not show a change of scene. The authority of Aristotle was supreme through the Middle Ages and theories were deduced from his writings that could not be upheld by reference to the original Greek. So it was with the rule of the three unities of time, place, and action; and, mistakenly attributed to precepts of Aristotle binding for all time, the rules were proclaimed a principle of dramatic art by Ronsard in his *Abrégé de l'art poétique.*

The principle was contested hotly until Corneille's *Cid* was produced in 1636. Contemporary critics held the view that it did not strictly adhere to the rules. The *Académie Française*, at Richelieu's bidding, instructed Chapelain to draft the *Sentiments de l'Académie sur Le Cid*, which recommended strict adherence to the rules of the unities. Chapelain's criticism of the *Cid* was not calculated to condemn the play, in spite of Richelieu's instructions; it pointed out the obvious fact that Corneille had been restricted by his observance of the rules. Nevertheless, Corneille's submission to the rules, together with the great success of the play, helped to bring about the acceptance of the principle of the three unities.

But the most prolific writer of the first thirty years of the century, Alexandre Hardy, ignored the unities completely. The first play rigidly to observe the three unities was Mairet's *Sophonisbe* (1634), and in addition to Chapelain, another contemporary critic, l'abbé d'Aubignac, gave them powerful support. Nevertheless, in his *Critique de l'École des Femmes*, Molière speaks slightingly of the celebrated rules: " J'ai remarqué . . . que ceux qui parlent le plus des règles et qui les savent mieux que les autres, font des comédies que personne ne trouve belles."

It was Chapelain (in his *Lettre sur l'art dramatique*) and d'Aubignac (in his *Pratique du théâtre*) who supported another principle of dramatic writing to which both Corneille and Racine closely adhered. This principle was that the plot should always be drawn from history or from legend long accepted as true, because, dramatic probability being essential to a play, the spectators should always have the assurance that the action, however improbable, *can* happen for the good reason that it *has* happened. " Il n'est ni vrai ni probable," says Corneille, with a touch of humour, " qu'Andromède, exposée à un monstre marin, ait été garantie de ce péril par un cavalier qui avait des ailes aux pieds ; mais c'est une fiction que l'antiquité a reçue." D'Aubignac at least was wise enough not to carry this principle too far, allowing that a poet may diverge from history in unessential details. " C'est une pensée bien ridicule," he sensibly admits, " d'aller au théâtre apprendre l'histoire—la scène ne donne point les choses comme elles ont été mais comme elles devraient être." In his second preface to *Andromaque* Racine makes the same point. " Il y a bien de la différence entre détruire le principal fondement d'une fable et en altérer quelques incidents."

3. THE IMMEDIATE PREDECESSORS OF RACINE

In the sixteenth century three kinds of tragedy existed side by side. In spite of the efforts of the Pléiade, religious tragedy was not killed, but survived in plays that told the story of David, Abraham, Saul, Jephthah, etc. But the real contribution of this century to the French stage was the translation into French of the masterpieces of the past, chiefly of Sophocles, and of the plays of Seneca, which enjoyed a great repute in that age. The Spanish and Italian stage also made their contribution and it was not to be expected that the original geniuses of the Pléiade would be content only with translation. Jodelle, at the instigation of Ronsard and du Bellay (" Pillez-moi sans conscience les sacrés trésors de ce temple delphique ! ") composed the first truly French tragedy, imitated from the ancients: *Cléopâtre captive* (1552). It was a great occasion; and after the first performance, the Pléiade, swarming into the highroad, seized a ram from a passing flock, crowned it with ivy, and set it loose in the hall where the performance had been held, while one of their members intoned a paean. The rejoicing was premature. A masterpiece of French tragedy had yet to be written.

Many imitations of Greek, Latin, and Italian tragedy followed—such as the *Médée* (1553) of Jean de la Péruse and the *Hippolyte* (1573) of Robert Garnier, which had the honour of suggesting some scenes for Racine's *Phèdre*. Garnier indeed is the most talented dramatist of this period, but his plays suffered from the same defect as the others—they were not really written for the stage, but for reading by pedants and an occasional production by amateurs. It is noteworthy that the taste for mystery plays still lived on, in spite of the decree of 1548, and the two most interesting tragedies of the late sixteenth century were drawn from Biblical subjects. They were the

Saül furieux of Jean de la Taille and *Les Juives* by Robert Garnier himself.

Some one was needed to bridge the gap between those literary plays and the farces and romantic tragi-comedies to which the common people flocked ; someone to bring on to the French stage plays without buffoonery and licence to which the new refined, intelligent section of society could give their sanction, and to which they could take their wives and daughters. The need was there, the theatre (Hôtel de Bourgogne) was there ; and it is the distinction of Alexandre Hardy, who reigned alone in this theatre from 1600 to 1630, that he fulfilled the exigencies of the age. Not that he was a genius : his literary ability was not high ; but in the seven hundred-odd plays which he wrote, with a more than Spanish fertility, essaying pastoral, tragi-comedy, and pure tragedy, he created works which appealed to the *bon goût* of the new bourgeoisie. The choruses, inherited by his predecessors from the Greek, he suppressed ; he shortened the interminable monologues, made the acts of equal length, scorned the unities, and revelled in complications of plot. He was not a Corneille ; but one of his great merits is that he paved the way for the master. *Les gens du monde* developed the habit of theatre-going and even the Cardinal de Richelieu declared himself a passionate admirer of the dramatic *genre*.

Hardy made the drama respectable ; Mairet showed how it could be formal ; Corneille created French classical drama. His first masterpiece, *Le Cid* (1636), still trails clouds of the popular tragi-comedy ; a truly tragic conclusion is averted by a *deus ex machina* and the chief protagonists live happily ever after : the play is full of incidents, and the unities, especially that of time, are stretched to breaking point. But the lines along which great tragedy of the seventeenth century was to proceed were definitely established. In place of the tragedy of misfortune came the tragedy of psychological conflict, the struggle of man with himself, of will and passion, body and mind, duty and desire. Descartes had explained the origin of the passions by the action of the brain on the heart and of the heart on the brain ; the tragedy of Corneille presented a picture of man as a creature in whom the brutal and the rational contended for mastery.

4. THE LIFE OF RACINE

Racine was born in 1639 at La Ferté-Milon, a little place some forty miles from Paris, where his father held a legal appointment in a Government office. His parents died when he was very young, and Racine was entrusted to the care of his maternal grandfather, who sent him at a very tender age to the *collège* at Beauvais. Upon his grandfather's death he entered the school of the religious establishment of Port-Royal-des-Champs. This establishment, the starting point and centre of Racine's intellectual and emotional life, the centre from which he wandered far, but to which he was irresistibly drawn back, deserves a somewhat lengthy consideration.

In the early years of the seventeenth century, a Dutch theologian, Jansen, afterwards Bishop of Ypres, had formulated a doctrine based upon the principle of pre-destination, which he claimed to have derived from St Augustine. According to this doctrine every soul is predestined from eternity either to perdition or salvation, and salvation is the especial gift of God, the effect of His grace, which no man can reckon to obtain but all should strive to deserve. This stern principle, which might well, one supposes, have resulted in complete moral apathy, did in fact sustain and animate some of the noblest minds of the age, such as Pascal. And it has been well said: "C'est au jansénisme et à son influence que le XVIIe siècle et sa littérature doivent cet aspect de grandeur et de sévérité morales qui les caractérisent." Jansen's friend, the abbé de Saint-Cyran, introduced the doctrine to Port-Royal, a convent of which he became spiritual director on the invitation of the Abbess, Angélique Arnauld, in 1635. From 1637 a number of laymen, anxious to live in an atmosphere of prayer, study, and solitude, were invited to Port-Royal, and were thenceforward known as the *Solitaires* or *Messieurs de Port-Royal*. In 1625 a branch of Port-Royal had been established in Paris itself, and the original convent buildings, to which Racine was admitted, situated at Chevreuse, a few miles from Versailles, received the name of Port-Royal-des-Champs, to distinguish it from its own offshoot.

The brief history of Port-Royal was extremely stormy. Jansen's book *Augustinus*, published in 1640, was attacked at once by the Jesuits, who remained the bitterest enemies of Port-Royal. Jansenism was condemned by a Papal Bull of Innocent X in 1653, and the new spiritual director, Angélique's brother, Le Grand Arnauld, was expelled from the Faculty of Theology. Pascal, by his brilliant championship, rallied the courage of the devoted men and women of Port-Royal, blunted the attacks and shook the prestige of the Jesuits. His seventeen *Lettres Provinciales*, composed in the defence of Port-Royal, remain a masterpiece of wit, irony, and controversial subtlety. But, though checked, the persecutions began anew and continued.

It was in this atmosphere of deep piety, serene learning, and religious persecution that Racine entered Port-Royal in 1654 at the age of fifteen. The school itself was soon suppressed by the Government, but Racine continued his studies for three years as the private pupil of the *Solitaires*. Of these beloved teachers, Racine has left a noble memorial in his *Abrégé de l'histoire de Port-Royal*: Nicole, the Latinist and author of greatly admired *Essais de Morale*; Lancelot, whose method of Greek instruction was celebrated; le Maître and Hamon the physician, for whom Racine held a particular affection. The education was wide, consisting of Latin and Greek, and probably Spanish and Italian literature; rhetorical exercises, on the model of Roman schools, held a place with written compositions; and the young students, instructed in small groups, were made acquainted with the full original texts of the classics. The moral tone was extremely austere, yet no concealment was made of a love of humane letters, of the literature of the pagan past. The paradox lies deep in Racine's nature.

After three years at Port-Royal, Racine went to Paris, to the Collège d'Harcourt, to complete his studies. To the sorrow of his old masters, the austerity of Port-Royal seemed soon to slip from him, and he took up with a frivolous, worldly society from which their frequent letters of exhortation and menace could not turn him. They learned with disapproval that he had written an *Ode aux Nymphes de la Seine* which earned him the notice of Chapelain and a bounty of a hundred louis d'or; and with more disapproval, that he was negotiating with the company of the Théâtre du Marais with the idea of writing a play. In alarm, his relatives sent him to stay with an uncle in the South of France, to study theology and obtain a benefice (his uncle was a canon). His copious letters from Uzès show Racine already as the artist, sensitive and susceptible to the beauties not only of nature, but of the country. There is, too, a curiously cold detachment in his discussion of the sufferings of his friends of Port-Royal, and an occasional mordancy that pre-figures his later prefaces and the bitter controversy with his old friends of Port-Royal. But provincial society bored

Racine, and he returned to Paris in 1663 without having entered the priesthood.

In Paris he soon became known to all the most eminent literary men. La Fontaine had been his boon companion in his earlier student days. With Boileau, the eminent critic, he formed a life-long friendship; but his early tragedy, *Alexandre*, estranged him from both Molière and Corneille. The play was first produced by Molière's company at the Palais Royal; for some reason Racine withdrew it and gave it to the rival company of the Hôtel de Bourgogne, at the same time persuading Molière's leading lady, Mlle du Parc, to join the *Troupe Royale* also. And Corneille, after seeing the play, told the young author, with little tact, that he had great gifts for poetry in general, but not for the theatre.

From 1667, the year of the production of *Andromaque* in the apartments of the queen, to 1677, when *Phèdre* first saw the light, was the great period of Racine's master-pieces—*Les Plaideurs, Britannicus, Bérénice, Bajazet, Mithridate, Iphigénie* appearing at almost annual intervals. His success was not always uncontested : many like Mme de Sévigné maintained a rigid preference for Corneille, but gradually Racine's supremacy became acknowledged and was marked by his election to the Academy in 1673. Louis XIV held him in higher regard than any other writers of the age, and the friends and patrons of Racine include such names as Mme de Montespan, Henriette d'Angleterre, Colbert, and the Duc de Chevreuse. His relations with his old masters of Port-Royal at this period form the darkest page of Racine's biography. In response to a letter written by Nicole in condemnation of dramatic writers (" un faiseur de romans et un poète de théâtre est un empoisonneur public, non des corps mais des âmes des fidèles "), Racine penned a rejoinder barbed with malice. How bitter, for instance, is this jibe : " Nous connaissons l'austérité de votre morale. Nous ne trouvons point étrange que vous damniez les poètes ; vous en damnez bien d'autres qu'eux."

Ungrateful and sarcastic though he could be, it is probable that Racine never forgave himself this onslaught on the friends of his youth. He was no longer young ; his affair with another actress, Mlle de Champmeslé, had ended unhappily ; the venomous criticism of *Phèdre* tortured his ears. Fearful of the enmity of some great man whom he had insulted, wracked by penitence for the mockery of *Les Solitaires*, to whose cloistral peace he longed to return, he turned aside from literature and the life of fashion—for ever, as he purposed. Thoughts of becoming a Carthusian monk enticed him. But his confessor, with a truer insight, checked this impulse, and counselled him rather to marry and settle down.

He took a wife of some considerable means, who would not read his plays, but bore him seven children. He became reconciled with Nicole and Arnauld, and was for the rest of his days a frequent visitor to Port-Royal. Through the influence of Mme de Maintenon he was appointed, with Boileau, Historiographer to the King, with the title of " Conseiller du Roi et Trésorier de France en la généralité de Moulins." Turning his back upon poetry and the drama, he engaged in the composition of fulsome pages of history, to immortalize his patron's name ; and so he might have ended his days. But the influence of Mme de Maintenon was again effective to cause the last and most brilliant exercise of his poetic genius.

It was Mme de Maintenon's educational policy for her college of young ladies of Saint-Cyr to amuse and instruct her young protégées at the same time. In 1688 she had seen the young pupils give a performance of Racine's *Andromaque*. The strongly romantic interest of this play had had a marked effect, but one not entirely desirable ; and so, soon afterwards, Mme de Maintenon wrote to Racine begging him to write for special production at Saint-Cyr a play " dont l'amour fût entièrement banni et dans lequel il ne crût pas que sa réputation fût intéressée parce que la pièce resterait ensevelie à Saint-Cyr." It was more than ten years since Racine had written his last play, but the request was not one to be refused. After anxious meditation he decided upon the subject of *Esther*. Produced in the following year, *Esther* was an immediate success ; and even the Grand Arnauld had to give it a gracious welcome. The result was another request : and *Athalie* (1691), though not so immediately successful as its predecessor, has been acclaimed the crown of Racine's poetic achievement.

A third request of Mme de Maintenon was disastrous in its effect. According to the *Mémoires* of Racine's son, Louis, she asked Racine to write a pamphlet on the miseries of the common people. This pamphlet, falling into the hands of the king, lost Racine the royal favour. At the same time he wrote a defence of the nuns of Port-Royal, fiercely denouncing their persecution, which had started again. It is probable that Racine's Jansenism, to which for the greater part of his life he had remained true, had been steadily estranging him from the king. There is a rightness here ; Racine made full atonement to Port-Royal.

The breach with the king is reputed to have hastened Racine's death, which occurred in 1699. To the last he treasured the friendship of Boileau, to whom he said in his last days : " C'est un bonheur pour moi de mourir avant vous."

5. THE ART OF RACINE

It is not easy for English readers at once to appreciate Racine. We are nurtured upon Shakespeare and draw our idea of the essence of great tragedy from his masterpieces. We are accustomed to the extraordinary fullness and roundness of Shakespeare's characters, who, on account of their broad humanity, can be detached from the plays, and, therefore, exist in their own right. We remember colour and movement—the ghosts and witches of *Macbeth*, the duels of *Hamlet*, the madness of *Lear*, armies and battles and murder upon the stage. Comic relief forms an essential part of Shakespearean tragedy, where the appearance of a fool, a fop, or a drunken porter sets off the deep emotion of the tragic scenes. We are inclined to accept without wonder the range of Shakespeare's feeling, from his understanding of the common man to his interpretation of the loftiest minds, from his sympathy with the poor and oppressed to his jibes at venal justice. We learn to admire the breadth and vigour of his words, the juxtaposition of the noble and the commonplace, with the tremendous effect that such contrast can produce; how, for example, a grandiloquent recital of the ambitions and struggles of Man ends with the phrase, "even for an egg-shell."

It is easy to make the mistake of the devotees of Aristotle and to assume that because tragedy has been such, the nature of tragedy is fixed for evermore. A mistake it assuredly is, because the tragedies of Racine, though lacking almost all the features that are so typically Shakespearean, are nevertheless tragedies of a very high order. Racine's tragic figures have not the same independence of existence; they are created by the situation and to it they owe their being. They often cannot be conceived of as existing significantly before and after the action which gave them birth. None continues to live in the mind with the fullness, the detachability of Hamlet. The same is true of language. A phrase, a line of Shakespeare may have a completeness that allows it to stand by itself, charged with deep significance and suggestion. There are a few lines of Racine's like this—but only a few; in the main his verses, like his characters, are begotten of the situation and live and move in that alone.

Compared with the vast, vital canvas of Shakespeare, exuberant with life and colour, the works of Racine are precise, stylized, clearly defined miniatures. Racine scorned the effects of melodrama, too familiar in the theatre of less-gifted predecessors. "Ce n'est point une nécessité," he observes coldly in the preface to *Bérénice*, "qu'il y ait du sang et des morts dans une tragédie." For him the essence of tragedy was something far different; it was the posing and solution of a psychological problem. What are the precise actions and inter-actions of minds impelled and governed by all-absorbing passions: hatred, fear, love? Such tragedy, being purely intellectual, had no need of a colourful setting or duration of time. The bare but adequate essentials of Racinian drama were a group of characters in a small space and the moment of psychological crisis accurately fixed.

As the tragic conflict in Racine's plays applies only to the mind, the drama requires only the smallest outward activity. There must, of course, be a slight movement forward of the action, but the equivalents of Shakespeare's duels, battles, and bouts of frenzy occur within the minds of the protagonists and are reflected in their words. This reflection forms one of the main characteristics of Racinian tragedy. Speech *is* action; the long, seemingly undramatic duologues give, when sympathetically analysed, the same effect of clash and crisis, defeat and victory as Shakespeare achieves by actual portrayal on the scene.

To make a drama out of these seemingly poor materials —a point of time and characters who merely talk—is consummate artistry. Racine properly prided himself on this achievement : " Toute l'invention," he says, " consiste à faire quelque chose de rien."

The effect of Racinian tragedy is one of deliberate self-restriction ; the drama is especially restrained when contrasted with the boisterousness of Shakespeare. It is probable that such a reduction of the possible materials of tragedy to the barest essentials suited the artistic temperament of Racine. But we must also remember that restraint was the fashion of the seventeenth century. The precepts of Malherbe, Vaugelas, and Boileau and the fashions of the more important salons had aimed at just this self-control and abstention from licence of language and manner. It is this which explains the absence of comic relief in the plays of Racine : to introduce a fop or a jester into tragedy would have appeared as a deliberate offence against the canons of good taste imposed by an upper bourgeois society—it would have been vulgar. Hence Racine's style is always dignified, noble when the occasion demands ; but with exquisite taste he avoids the purple patch, the high-flying imagery. Similes and metaphors are few. The language is accurately measured, accurately proportioned to the movement of the thought.

The danger of such calculated restraint is frigidity ; and it is a danger that Racine does not always escape. There is a hint of that *préciosité* which was the inevitable outcome of the ultra-refined conversation of the salons. Words like *flamme* and *vœux* are stylized versions of more commonplace words for ' love ' and lose their intensity on account of their associations. The jargon of gallantry at first offends the ear, and an effort has to be made to remember that Racine scorned historical verisimilitude and local colour. Only with such an effort does it become tolerable to hear Phèdre addressed as *Madame* or Pyrrhus as *Seigneur*.

It has been objected against Racine's style that it is rhetorical. The same charge may be laid against many other French poets. Here again it must be remembered that French literature derives much more immediately from Latin than ours and that the influence of Latin poetry and Latin education has been much more marked in France than with us. Rhetorical exercises formed a large part of formal Greek and subsequently Roman education, and the discussion of improbable quandaries, the debating of abstract questions, was always a feature of French education too. One of the glories of the French—their readiness and fluency in both oral and written self-expression—has been undoubtedly due to this form of training. The imitation of the style of Virgil and Lucan and Seneca—a style which depended upon declamation for its applause—is a permanent mark of French literature. This is not to say that Racine's style is rhetorical in a derogatory sense. It has the eloquence of declaimed speech ; it is a close-knit articulation of intense thought, which to us may at first seem like rhetoric. As Petit de Julleville has said : " C'est que sa langue est celle de tout le monde et que, toutefois, personne ne la parle comme lui."

So far we have spoken of the respects in which Racine differs from Shakespeare or of the qualities of his art which can be considered as defects. What then are the virtues of his art which enable it to rise above these defects and entitle its creator to greatness ? First, that discipline of form combined with a violence of matter, that savagery of emotion contrasted with a design of formal elegance. He writes uniformly of the passions—cruelty, jealousy, and love (but principally love)—in language so subdued to noble harmony that the effect is poignant. Secondly, Racine's knowledge of the emotions of the human heart is without rival in that sphere of passion, from a Phèdre racked with her love for Hippolyte to Joad intoxicated with his love of God. He seems to have drawn his knowledge from the two poles of his experience, from the worldly life of his early successful years in Paris and the stern suppressions of his Jansenist training. Thirdly, his infinite patience and skill enable him to unravel the psychological crisis, the progression of the overwhelming emotion through delicate gradations from stage to stage. Lastly there is the mastery with which he played upon that seemingly unyielding instrument the alexandrine, the variation of stress and caesura that makes his lines sing, the exquisite music of his verse, rich in imitative harmony like that of his master Virgil.

The classic age imposed great limitations upon itself. "En venant au théâtre," says Brunetière, "la société polie y avait apporté sa sécheresse d'imagination et son instinct rationaliste." It suffered under great limitations of subject and vocabulary, ignoring everyday words and neglecting many commonplace incidents as too vulgar for it. Working to delight the intelligent nobility and the upper bourgeoisie, the classical writers of France in the main chose to ignore poverty, social problems, and economic distress. They regarded laughter in tragedy as incompatible with *bon goût*. But the very limitations led to a serenity and detachment which go to make up the glory of the classical age. And in Racine these restraints are epitomized. "La principale règle," he said with characteristic simplicity, "est de plaire et de toucher." It is an inadequate summary of his matchless art.

6. A NOTE ON FRENCH VERSIFICATION
By R. P. L. Ledésert

Lyrical poetry in France in the sixteenth century flourished under the leadership of Ronsard, who introduced new stanzas and hitherto unfamiliar forms of poetic expression. But it is characteristic of the less spontaneous seventeenth century that more emphasis should have been laid on the importance of form, establishing for the first time in the history of French literature definite rules of versification.

The literary critics of the century laid too much emphasis, perhaps, on what we would consider minor details, such as the position of the cæsura, or the famous *enjambement* which was to excite so much rebellion among Romantics almost two centuries later. And in illustration of this we cannot do better than to quote here the leading seventeenth-century French critic, Boileau:

> N'offrez rien au lecteur que ce qui peut lui plaire,
> Ayez pour la cadence une oreille sévère,
> Que toujours dans vos vers, le sens coupant les mots
> Suspend l'hémistiche, en marque le repos.
> Gardez qu'une voyelle à courir trop hâtée,
> Ne soit d'une voyelle en son chemin heurtée.

(*L'Art Poétique*, Chant I, lines 103 *et seq.*)

The rules of French versification, though contained in the lines quoted above, are not quite so simple as they may appear, and it may be that a few words of explanation are not out of place here.

1. SCANSION.

Each verse is divided into a certain number of *pieds*. The *pied* in French versification corresponds to a single syllable and not to the group of syllables known as *foot* in English poetry:

Les	uns,	par	ce	qu'ils	sont	mé	chants	et	mai	fai	sants
1	2	3	4	5	6	7	8	9	10	11	12

(MOLIÈRE, *Le Misanthrope*, Act I, Scene 1)

2. MUTE E (*e muet*).

(*a*) When a mute *e* appears in a syllable placed at the end of a word in the body of a line, two cases are to be considered :

(i) when the mute *e* is followed by a consonant, it is counted as a *pied* :

l'o	se	m'i	ma	gi	ner	qu'à	ses	moin	dres	ex	ploits
1	2	3	4	5	6	7	8	9	10	11	12

(CORNEILLE, *Le Cid*, Act II, Scene 5)

(ii) when the mute *e* is followed by a word beginning with a vowel or *h* mute, the syllable in which it is contained is not counted as a *pied* :

Et,	com	me il	voit	en	nous	des	â	mes	peu	com	munes
1	2	3	4	5	6	7	8	9	10	11	12

(CORNEILLE, *Horace*, Act II, Scene 3)

(*b*) When a syllable placed at the end of a word at the end of a line contains a mute *e*, it is not counted as a *pied* :

Nous	se	rons	les	mi	roirs	d'u	ne	ver	tu	bien	rare
1	2	3	4	5	6	7	8	9	10	11	12

(CORNEILLE, *Horace*, Act II, Scene 3)

This applies even if the *e* is followed by *s* or *nt* :

Et,	com	me il	voit	en	nous	des	â	mes	peu	com	munes
1	2	3	4	5	6	7	8	9	10	11	12

3. METRE (*mètre*).

(*a*) The line of 12 syllables was the type of verse most commonly used in the seventeenth century. It is known as the *alexandrin*, a name which is believed to originate from *Le Roman d'Alexandre* (twelfth century), which employed a primitive form of this verse.

But other types of metre were nevertheless used in the seventeenth century.

(*b*) The 10-syllable line :

Puis	qu'au	jour	d'hui	mon	pè	re est	l'of	fen	sé
1	2	3	4	5	6	7	8	9	10

(CORNEILLE, *Le Cid*, Act I, Scene 6)

(*c*) The 8-syllable line :

Per	cé	jus	ques	au	fond	du	cœur
1	2	3	4	5	6	7	8

(CORNEILLE, *Le Cid*, Act I, Scene 6)

(*d*) The 7-syllable line :

Dont	le	ré	cit	est	men	teur
1	2	3	4	5	6	7

(LA FONTAINE)

(*e*) The 6-syllable line, which is sometimes a half-alexandrine :

Cè	de au	coup	qui	me	tue
1	2	3	4	5	6

(CORNEILLE, *Le Cid*, Act I, Scene 6)

Other types of metre were rarely used in the seventeenth century.

4. RHYME (*rime*).

The rhyme consists of the recurrence in the last syllable of a line of the sound found at the end of the preceding line. The essential of French rhyme is to achieve similarity of sound and appearance, with the result that words are held to rhyme in French which to an English ear would appear not to do so. Moreover, the rhyme can consist of identical last syllables of polysyllabic words :

> Une vaine frayeur tantôt m'a pu trou*bler*,
> Et je suis insensible alors qu'il faut trem*bler*.

There are two main types of rhyme :

(*a*) The *feminine* rhyme where the last syllable is mute :

> Pour grands que soient les rois, ils sont ce que nous *sommes*,
> Ils peuvent se tromper comme les autres *hommes*.

(CORNEILLE, *Le Cid*, Act I, Scene 3)

(*b*) The *masculine* rhyme in which the last syllable is sounded :

> Mourir pour le pays est un si digne *sort*,
> Qu'on briguerait en foule une si belle *mort*.

(CORNEILLE, *Horace*, Act II, Scene 3)

But each of these types of rhyme is subdivided into two further groups :

If the syllable of which the rhyme consists begins with the same consonant in the two lines, that is to say, if the two last syllables are identical, the rhyme is called *riche*.

Thus, a *rime féminine riche* is :

Madame, je sais trop à quel excès de *rage*
La vengeance d'Hélène emporta mon cou*rage*. . . .

(RACINE, *Andromaque*, Act IV, Scene 5)

While a *rime masculine riche* is :

Achevez votre hymen, j'y consens ; mais du *moins*,
Ne forcez pas mes yeux d'en être les té*moins*.

(RACINE, *Andromaque*, Act IV, Scene 5)

On the other hand, if the consonants are different, the rhyme is called *suffisante* :

Vous ne répondez point ! Perfide, je le *voi*,
Tu comptes les moments que tu perds avec *moi* !

(RACINE, *Andromaque*, Act IV, Scene 5)

This is a *rime masculine suffisante*.

5. CÆSURA (*la césure*)

The ideal alexandrine line is divided into two equal parts of six *pieds* each by the cæsura. Each of these half-alexandrines is called an *hémistiche*, and the break (or cæsura) must not occur in the middle of a word :

J'ai vu trancher les jours   de ma famille entière

1st hemistich   2nd hemistich

Et mon époux sanglant   traîné sur la poussière,

1st hemistich   2nd hemistich

(RACINE, *Andromaque*, Act III, Scene 6)

Thus the voice rests at the end of the sixth syllable, and then at the end of the line. This accounts for the apparent monotony of French classical verse to an inexperienced ear.

6. ENJAMBEMENT

The term *eniambement* is applied to denote a phrase which

begins at the end of one line and is continued at the beginning of the next. Though this was forbidden by the critics in the seventeenth century, La Fontaine used it quite frequently :

> Sire, répond l'agneau, *que votre Majesté*
> *Ne se mette pas en colère.*

> (LA FONTAINE, *Le Loup et l'Agneau*)

7. HIATUS.

The hiatus was also forbidden by the seventeenth-century critics. It occurs when an accented vowel placed at the end of a word is followed by another accented vowel beginning the following word; or, as Boileau expressed it :

> Gardez qu'une voyelle à courir trop hâtée,
> Ne soit d'une voyelle en son chemin heurtée.

Frequent examples of hiatus are to be found in the poetry of the Middle Ages or of the Renaissance :

> Semblablement, *où est* la royne
> Qui commanda que Buridan
> Fust gecté *en* ung sac en Saine !

> (VILLON, *Ballade des Dames du Temps Jadis*)

8. THE ALTERNATION OF MASCULINE AND FEMININE RHYMES IN ALEXANDRINE VERSE.

The accepted rule in the seventeenth century was that couplets ending with masculine rhymes should alternate with couplets ending with feminine rhymes :

> Oui, je viens dans son temple adorer l'Éternel : ⎫
> Je viens, selon l'usage antique et solennel, ⎭ *masc.*
> Célébrer avec vous la fameuse journée ⎫
> Où sur le mont Sina la loi nous fut donnée. ⎭ *fem.*
> Que les temps sont changés ! Sitôt que de ce jour ⎫
> La trompette sacrée annonçait le retour, ⎭ *masc.*
> Du temple, orné partout de festons magnifiques, ⎫
> Le peuple saint en foule inondait les portiques ; ⎭ *fem.*

> (RACINE, *Athalie*, Act I, Scene 1)

There are many other intricacies of French versification. This is not the place to discuss them. The purpose of this note is to enable the reader to understand and appreciate the main principles of French versification. For deeper study reference should be made to Martinon's *Les Strophes.*

7. ANDROMAQUE: THE PLAY

The First Production

Andromaque was apparently first performed by the company of the Hôtel de Bourgogne before the king and court assembled in the queen's apartment. This was on the seventeenth of November, 1667. The part of Andromaque herself was taken by Mlle du Parc, who had just left the *Troupe de Molière.* The story goes that Racine wrote the play expressly for her and coached her hour after hour in every intonation, every gesture of the part. It is thought also that the circumstances of her own life, similar to those of Andromaque, inspired the most tender passages of the play and possibly the choice of subject. She too was a widow and had a small son four years old ; she too was importuned by a powerful lover, the Chevalier de Rohan, scion of one of the greatest families of France, whose advances she dared not, for her son's sake, finally reject. She too was beautiful, and charmed not only Racine but Molière and the two Corneilles. As a contemporary jingle said :

> La du Parc, la belle actrice,
> Avec son port d'impératrice,
> Soit en récitant ou dansant,
> N'a rien qui ne soit ravissant.

The part of Oreste was taken by Montfleury. He was old and fat (he was described as " d'une vaste circon-

férence ") and his " grand manner," favoured by Racine,
moved the mockery of Molière, who preferred speed and
naturalness in production.

Contemporary Criticism of the Play

At the time of the first performance of *Andromaque* the
pre-eminence of Corneille was uncontested and Racine
had written nothing for the stage but *La Thébaïde* and
Alexandre, which did not forecast his future fame. The
success of *Andromaque* was immediate, and even the critic
Saint Evremond was forced to admit, " Racine doit
avoir plus de réputation qu'aucun autre, après Corneille."
As Charles Perrault has said : " Cette tragédie d'Andromaque fit le même bruit à peu près que *Le Cid*."

But rival camps soon appeared and attacks upon
Racine's play and his ability were not long in developing.
In the year after the first performance a parody was
produced, *La Folle Querelle* by Subligny. The success of
the parody shows the great interest excited by *Andromaque*.
Subligny's criticisms were mostly of style, and Racine
respected them so far as to alter later editions of his play
in response to the objections. It is typical of the age that
these concerned the correctness and propriety of individual
words, but it is also typical of the age that some of the
criticism was so petty. It was objected that it is improper
for a king to seek out an ambassador ; that Pyrrhus is
brutal and no gentleman—or too refined and too much the
galant homme ; that history is altered ; that the spring of
the action is love and not, as with Corneille, heroism.
Racine wisely ignored these latter puerilities.

Sources of the Play

In his two prefaces Racine has clearly indicated the
authors to whom he is indebted. For him the *Andromache*
of Euripides had too much of the barbarity of classical

antiquity to be acceptable as a model, and there is little trace of Euripides' characterization in *Andromaque* except in the part of Hermione. The outline of the plot and the four main characters have been drawn from Virgil, and details of the character of Andromaque herself are owed to Homer. There are faint echoes of the language of Seneca and of scenes from Corneille's *Pertharite* (1652).

The Story of Andromaque

The background to the play is the Trojan War. As an understanding of this is most important, an outline follows :

Sparta and Mycenæ were the two chief cities of ancient Greece at a period which is normally assigned to the twelfth century B.C. These cities were ruled over by two brothers, Menelaos of Sparta and Agamemnon of Mycenæ. Troy was the greatest city on the mainland of Asia Minor and was situated just south of the modern Dardanelles. The ruler of Troy was Priam, whose wife was Hecuba and whose children were Paris, Hector, and Cassandra.

After a state visit to Sparta, Paris returned to Troy taking with him Menelaos' wife, Helen, whose beauty has become proverbial. It was to avenge this insult that the Greeks assembled an expedition under Agamemnon and Menelaos to subdue Troy and recover Helen. The siege of Troy by the Greeks lasted ten years. On each side one warrior was particularly outstanding, the Greek Achilles and the Trojan Hector. Hector's wife was Andromache, and his little son was Astyanax. Towards the end of the long siege Hector was killed by Achilles and his body dragged behind a chariot round the walls of Troy. Achilles was later killed before the capture of the city.

When Troy finally fell, the women captives, according to the custom of the day, were distributed by lot among the victorious leaders. In this way Hector's wife and son, Andromache and Astyanax, fell to the share of Pyrrhus, Achilles' son, who carried them off to his kingdom of Epirus, south of the modern Albania.

Racine's play opens at the court of Pyrrhus in Epirus. Pyrrhus is in love with his captive Andromaque, but she rejects his offers, intent only upon mourning her hero husband and bringing up her son Astyanax. At the court is also Hermione, daughter of Helen and Menelaos, who is officially engaged to Pyrrhus, with whom she is deeply in love. Pyrrhus' feelings towards her are, however, cold.

This unstable situation turns to crisis in the very first scene of the play on the arrival of Oreste, who, as only son of the great wartime leader Agamemnon, has been sent by the Greeks in assembly to the court of Pyrrhus on a special mission. His task is to persuade Pyrrhus to deliver up Hector's and Andromaque's son, Astyanax, whom the Greeks fear as a future Hector and destroyer of the flower of their youth. But Oreste, in love with Hermione, who is betrothed to Pyrrhus, is more interested in persuading her to return with him to Greece than in the fulfilment of his mission.

Such then is the extremely simple situation out of which Racine has woven his tragedy : Pyrrhus loves Andromaque, who rejects him ; Hermione loves Pyrrhus, who is indifferent to her ; Oreste loves Hermione, but is disregarded by her. A number of tensions lie over the four protagonists, holding them together yet apart.

This system of stresses has been maintained with wonderful skill throughout the play. After the expository scenes the first act ends in the establishment of a tension : Andromaque will not marry Pyrrhus ; Pyrrhus will defend her son, Astyanax, only if she yields. The tension is unrelieved at the end of Act I. In Act II the same kind of crisis develops. Hermione promises to return with

Oreste if Pyrrhus, asked by Oreste to decide between
Astyanax and Hermione, refuses to give up the boy. This
refusal seems certain to Oreste, who is triumphant. But
the very next scene overthrows his expectations. Pyrrhus
has changed his mind; he will marry Hermione after all.
The stress has shifted slightly, but the tension is still
unrelieved. Act III shows Oreste in despair and Hermione
triumphant. Andromaque would appear to have lost
the day and Hermione sends her, tauntingly, to try her
arts on Pyrrhus again. In the event this action is fatal for
all. Andromaque is again offered the alternative by
Pyrrhus; again the strain is evident. The act finishes
with the inconclusive words of Andromaque:

> Allons sur son tombeau consulter mon époux.
>
> (Act III, Scene 8)

The play has reached the pinnacle of crisis; from this
point the descent is swift to the tragic *dénouement*. Act IV
shows Andromaque with her resolve at last taken. She
will marry Pyrrhus—and die. Hermione, learning of
Pyrrhus' change of heart, demands his death at the hands
of Oreste, and the scenes between her and Oreste serve to
heighten the suspense before the doom falls.

In Act V we see Hermione torn between hatred and
love; it needs but the recital of Pyrrhus' happiness in his
wedding celebrations to steel her heart. The blow that
kills Pyrrhus is struck off-stage and Oreste comes in to
tell of his last moments. The tensions are at last being
released—by death. The suicide of Hermione and the
madness of Oreste are felt only as the logical outcome of
the tragic situation.

Simplicity, precision, the maintenance of a perfect
balance of stresses right up to the catastrophe—these are
the characteristics of the play *Andromaque*. The deeper
the study, the more the subtlety of this dramatic archi-
tecture will be appreciated.

The Characterization

There are only four main characters : Andromaque, Oreste, Pyrrhus, and Hermione, each having an attendant confidant or confidante. Of these main characters, though each is fully rounded and drawn with precision, we shall examine only the two women, in whom the skill of Racine's character-drawing is most splendidly displayed.

Of the four, Andromaque alone is completely sympathetic and touching. She is the faithful widow, devoted to the memory of her warrior husband; the tender mother, prepared to sacrifice life itself for the future of her son. The first words she speaks, beautiful and pathetic, fitly accompany her arrival on the stage :

> Je passais jusqu'aux lieux où l'on garde mon fils.
> Puisqu'une fois le jour vous souffrez que je voie
> Le seul bien qui me reste et d'Hector et de Troie,
> J'allais, Seigneur, pleurer un moment avec lui :
> Je ne l'ai point encore embrassé d'aujourd'hui !
>
> > (Act I, Scene 3)

The greatest decision of her life makes her turn once more to that husband who can, perhaps, counsel her from beyond the grave :

> Allons sur son tombeau consulter mon époux.
>
> > (Act III, Scene 8)

Her noble charge to Céphise, when she is resolved to save her son and die, is unforgettable :

> Parle-lui tous les jours des vertus de son père ;
> Et quelquefois aussi parle-lui de sa mère.
>
> > (Act IV, Scene 1)

In her bitter scenes with Hermione she yet preserves her dignity as she says with noble pathos :

> Vous saurez quelque jour,
> Madame, pour un fils jusqu'où va notre amour.
>
> > (Act III, Scene 4)

She shows no lack of self-control; only a cold irony can escape her in her short speech to Pyrrhus:

> Et quelle est cette peur dont leur cœur est frappé,
> Seigneur?   Quelque Troyen vous est-il échappé?
>> (Act I, Scene 4)

Such is Andromaque; and since it is upon her decision that the fate of all depends, the title of the play is rightly hers.   But it is the passionate love of the other three that dominates the stage and brings on the tragic catastrophe, a fierce passion to which Andromaque is felt to be a stranger and which causes her to ask in bewilderment:

> L'amour peut-il si loin pousser sa barbarie?
>> (Act III, Scene 8)

This line may be taken as the theme of the play.

It is the *barbarie* of Hermione's love in particular which fills the scene.   The starts and turns and contradictions of a heart filled with a hopeless passion were never more finely depicted.   Hermione is in love, but her dominant trait is pride; it is the thought of mockery which tortures her.

> Quelle honte pour moi, quel triomphe pour lui
> De voir mon infortune égaler son ennui!
>> (Act II, Scene 1)

she says of Oreste.   Pride and frustrated passion generate hatred for the object of her love:

> Ah!   Je l'ai trop aimé pour ne le point haïr.
>> (Act II, Scene 1)

And this hatred in turn breeds a desire for vengeance, both on Andromaque and on Pyrrhus.

> Rendons-lui les tourments qu'elle me fait souffrir,
>> (Act II, Scene 1)

she says of Andromaque; and to Oreste she gives the command to kill Pyrrhus with the dreadfully abrupt words:

> Vengez-moi, je crois tout.
>> (Act IV, Scene 3)

But the decision is never quite irrevocable; her pride and

her passion still leave room for hope.   Oreste must hurry or she may relent :

> Ah ! courez, et craignez que je ne vous rappelle.
>
> (Act IV, Scene 3)

And just before the catastrophe one word or look from Pyrrhus may yet alter all :

> Ingrat, je doute encor si je ne t'aime pas. . . .
>
> (Act IV, Scene 5)
>
> Mon cœur, mon lâche cœur s'intéresse pour lui ?
>
> (Act V, Scene 1)

But in the intervals the thought of revenge becomes fearful and bloody.   She thinks longingly of the delights of seeing his blood spilt by her own hand :

> Quel plaisir de venger moi-même mon injure !
>
> (Act IV, Scene 4)

At least the dying Pyrrhus must know that he dies at her command :

> Ma vengeance est perdue
> S'il ignore en mourant que c'est moi qui le tue.
>
> (Act IV, Scene 4)

It is typical of her that it is pride that carries the day— anger that Pyrrhus should overlook the possibilities of her fury :

> Qu'il meure, puisqu'enfin il a dû le prévoir.
>
> (Act V, Scene 1)

Typical, too, is her ingratitude to Oreste when the deed is done, the astonishing blindness and injustice of her famous cry :

> Qui te l'a dit ?
>
> (Act V, Scene 3)

When her pride is satisfied only her passion remains. She dies by her own hand, having cast herself on the corpse of Pyrrhus.

The Style of Andromaque

It is the dictum of Saint-Beuve that Racine's style " rase la prose." The truth of this holds particularly for his first masterpiece. The style of *Andromaque* is a wonderful blending of speech and poetry, or rather, of the speech of the polite world of his day, just touched with the magic of poetry, just heightened to a serene point of beauty and dignity. The only blemishes in the language are the occasional relics of the jargon of gallantry. As we have already said, the lines of Racine do not lend themselves readily to detachment from their context; of those in *Andromaque* that linger in the mind there is the superb eloquence of lines 197–204, describing the former splendour of the master-city of Asia Minor and its present ruin. Twice the sentences rise to a pinnacle of pathos in the third line, with its rhetorical break, to die away in the next line and a half. The power of rapid description in a few key words is shown by:

> L'amour n'est pas un feu qu'on renferme en une âme:
> Tout nous trahit, la voix, le silence, les yeux.

> (Act II, Scene 2)

And there is a terror in the lines with which Andromaque begins her recollection of the fall of Troy:

> Songe, songe, Céphise, à cette nuit cruelle
> Qui fut pour tout un peuple une nuit éternelle.

> (Act III, Scene 8)

Lastly, there is brutal abruptness, common in Racine and so dramatic in its effect, as when Oreste comes to announce the death of Pyrrhus with the words:

> Madame, c'en est fait, et vous êtes servie.

> (Act V, Scene 3)

SUGGESTIONS FOR FURTHER READING AND REFERENCE

I. THE COMPLETE WORKS OF RACINE

Editions of Racine's works are numerous. The edition published in the " Collection des Grands Écrivains de la France " (Hachette, 1865–73), edited by Paul Mesnard, may be regarded as the standard edition of the complete works of Racine. This text is based on it.

There are several other adequate and cheaper French editions such as that in " Les Textes Français " series, edited by Gonzague Truc and published by " Les Belles-Lettres."

II. RACINE'S LIFE AND WORKS
(complete books and critical studies)

BRISSON, P. : *Les deux Visages de Racine* (Gallimard, 1945).

BRUYELLE, R. : *Les Personnages de la Tragédie classique* (Debresse, 1945).

CAUDWELL, H. : *Introduction to French Classicism* (Macmillan, 1931), chapter on Racine.

CLARK, A. F. B. : *Jean Racine* (Harvard University Press).

FAGUET, É. : *Dix-septième Siècle*, in " Études Littéraires " (Lecène et Oudin, 1885 *et seq.*).

GIRAUDOUX, J. : *Racine* (1930).

GUÉGUEN, P. : *Poésie de Racine* (Éditions du Rond-Point, 1946).

LARROUMET, G. : *Jean Racine* (Collection des grands écrivains français, 1898).

LEMAÎTRE, J. : *Jean Racine* (1908).

MAURIAC, F. : *La Vie de Jean Racine* (Flammarion, 1939).

MORNET, D. : *Jean Racine* (Aux Armes de France, 1944).

SEGOND, J. L. : *Psychologie de Jean Racine* (Belles-Lettres, 1940).

STAPFER, P. : *Racine et Victor Hugo* (1887).

STRACHEY, G. LYTTON : *Books and Characters*, essay on " Racine " (Chatto and Windus).

TILLEY, A. : *Three French Dramatists* (Cambridge University Press).

TRUC, G. : *Jean Racine* (Garnier, 1926).

TURNELL, M. : *The Classical Moment* (Hamish Hamilton, 1947).

III. RACINE'S AGE AND BACKGROUND

BOULANGER, J.: *Le Grand Siècle* (Hachette).

BRAUNSCHVIG, M.: *Notre Littérature étudiée dans les Textes*, tome 1er, XVIIe siècle (Armand Colin).

BRUNETIÈRE, F.: *Études critiques* (Hachette). Essays on "La société précieuse au XVIIe siècle"; "Descartes et la littérature classique"; "Alexandre Hardy"; "Jansénistes et Cartésiens"; "Les ennemis de Racine au XVIIe siècle."

LANCASTER, H. C.: *A History of French Dramatic Literature in the Seventeenth Century* (Johns Hopkins Press, Baltimore, 1936).

LANSON, G.: *Histoire de la Littérature française* (Hachette).

LAVISSE, E.: *Histoire de France depuis les Origines jusqu'à la Révolution* (Hachette, 1901–7).

LEDÉSERT, R. P. L. and D. M.: *Histoire de la Littérature française*, tome 1er, XVIIe siècle (Arnold, 1946).

MALET ET ISAAC: *XVIIe et XVIIIe Siècles* (Hachette).

MORNET, D.: *Histoire de la Littérature française classique*, 1660–1700 (Armand Colin, 1947).

NICOLL, ALLARDYCE: *The Development of the Theatre* (Harrap, 1927).

SAINT-BEUVE: *La Littérature française*, Vol. IV (La Renaissance du Livre).

STRACHEY, G. LYTTON: *Landmarks in French Literature* ("Home University Library," Oxford University Press).

4

ANDROMAQUE

PREMIÈRE PRÉFACE
VIRGILE
AU TROISIÈME LIVRE
DE L'ÉNÉIDE
C'est Énée qui parle

Littoraque Epeiri legimus, portuque subimus
Chaonio, et celsam Buthroti ascendimus urbem.
Solemnes tum forte dapes et tristia dona
Libabat cineri Andromache, Manesque vocabat
Hectoreum ad tumulum, viridi quem cespite inanem,
Et geminas, causam lacrymis, sacraverat aras. . . .
Dejecit vultum, et demissa voce locuta est :
« O felix una ante alias Priameïa virgo,
Hostilem ad tumulum, Trojæ sub mœnibus altis
Jussa mori ! quæ sortitus non pertulit ullos,   10
Nec victoris heri tetigit captiva cubile.
Nos, patria incensa, diversa per æquora vectæ,
Stirpis Achilleæ fastus, juvenemque superbum,
Servitio enixæ, tulimus, qui deinde secutus
Ledæam Hermionem, Lacedæmoniosque hymenæos. . . .
Ast illum, ereptæ magno inflammatus amore
Conjugis, et scelerum Furiis agitatus, Orestes
Excipit incautum, patriasque obtruncat ad aras. »

Voilà, en peu de vers, tout le sujet de cette tragédie.
Voilà le lieu de la scène, l'action qui s'y passe, les quatre   20
principaux acteurs, et même leurs caractères. Excepté
celui d'Hermione, dont la jalousie et les emportements sont
assez marqués dans l'*Andromaque* d'Euripide.

Mais véritablement mes personnages sont si fameux dans
l'antiquité, que pour peu qu'on la connaisse, on verra fort

bien que je les ai rendus tels que les anciens poètes nous les
ont donnés.   Aussi n'ai-je pas pensé qu'il me fût permis de
rien changer à leurs mœurs.   Toute la liberté que j'ai prise,
ç'a été d'adoucir un peu la férocité de Pyrrhus, que Sénèque,
dans sa *Troade*, e t Virgile dans le second de l'*Énéide*, ont   30
poussée beaucoup plus loin que je n'ai cru le devoir faire.

Encore s'est-il trouvé des gens qui se sont plaints qu'il
s'emportât contre Andromaque, et qu'il voulût épouser cette
captive à quelque prix que ce fût.   J'avoue qu'il n'est pas
assez résigné à la volonté de sa maîtresse et que Céladon a
mieux connu que lui le parfait amour.   Mais que faire ?
Pyrrhus n'avait pas lu nos romans.   Il était violent de son
naturel.   Et tous les héros ne sont pas faits pour être des
Céladons.

Quoi qu'il en soit, le public m'a été trop favorable pour   40
m'embarrasser du chagrin particulier de deux ou trois per-
sonnes qui voudraient qu'on réformât tous les héros de
l'antiquité pour en faire des héros parfaits.   Je trouve leur
intention fort bonne de vouloir qu'on ne mette sur la scène
que des hommes impeccables.   Mais je les prie de se
souvenir que ce n'est pas à moi de changer les règles du
théâtre.   Horace nous recommande de dépeindre Achille
farouche, inexorable, violent, tel qu'il était, et tel qu'on
dépeint son fils.   Et Aristote, bien éloigné de nous demander des héros parfaits, veut au contraire que les   50
personnages tragiques, c'est-à-dire ceux dont le malheur fait
la catastrophe de la tragédie, ne soient ni tout à fait bons, ni
tout à fait méchants.   Il ne veut pas qu'ils soient
extrêmement bons, parce que la punition d'un homme de
bien, exciterait plutôt l'indignation que la pitié du
spectateur ; ni qu'ils soient méchants avec excès, parce
qu'on n'a point pitié d'un scélérat.   Il faut donc qu'ils
aient une bonté médiocre, c'est-à-dire une vertu capable
de faiblesse, et qu'ils tombent dans le malheur par
quelque faute qui les fasse plaindre sans les faire détester.   60

SECONDE PRÉFACE
VIRGILE
AU TROISIÈME LIVRE
DE L'*ÉNÉIDE*
C'est Énée qui parle

Littoraque Epeiri legimus, portuque subimus
Chaonio, et celsam Buthroti ascendimus urbem.
Solemnes tum forte dapes et tristia dona
Libabat cineri Andromache, Manesque vocabat
Hectoreum ad tumulum, viridi quem cespite inanem,
Et geminas, causam lacrymis, sacraverat aras. . . .
Dejecit vultum, et demissa voce locuta est :
« O felix una ante alias Priameïa virgo,
Hostilem ad tumulum, Trojæ sub mænibus altis
Jussa mori ! quæ sortitus non pertulit ullos,   70
Nec victoris heri tetigit captiva cubile.
Nos, patria incensa, diversa per æquora vectæ,
Stirpis Achilleæ fastus, juvenemque superbum,
Servitio enixæ, tulimus, qui deinde secutus
Ledæam Hermionem, Lacedæmoniosque hymenæos. . . .
Ast illum, ereptæ magno inflammatus amore
Conjugis, et scelerum Furiis agitatus, Orestes
Excipit incautum, patriasque obtruncat ad aras. »

    Voilà, en peu de vers, tout le sujet de cette tragédie.
Voilà le lieu de la scène, l'action qui s'y passe, les quatre   80
principaux acteurs, et même leurs caractères. Excepté
celui d'Hermione, dont la jalousie et les emportements
sont assez marqués dans l'*Andromaque* d'Euripide.

    C'est presque la seule chose que j'emprunte ici de cet
auteur. Car, quoique ma tragédie porte le même nom que
la sienne, le sujet en est pourtant très différent. Andromaque, dans Euripide, craint pour la vie de Molossus, qui

est un fils qu'elle a eu de Pyrrhus et qu'Hermione veut
faire mourir avec sa mère.   Mais ici il ne s'agit point de
Molossus.   Andromaque ne connaît point d'autre mari   90
qu'Hector, ni d'autre fils qu'Astyanax.   J'ai cru en cela me
conformer à l'idée que nous avons maintenant de cette
princesse.   La plupart de ceux qui ont entendu parler d'Andromaque, ne la connaissent guère que pour la veuve
d'Hector et pour la mère d'Astyanax.   On ne croit point
qu'elle doive aimer ni un autre mari, ni un autre fils.   Et je
doute que les larmes d'Andromaque eussent fait sur l'esprit
de mes spectateurs l'impression qu'elles y ont faite, si elles
avaient coulé pour un autre fils que celui qu'elle avait
d'Hector.   100

Il est vrai que j'ai été obligé de faire vivre Astyanax un
peu plus qu'il n'a vécu ; mais j'écris dans un pays où cette
liberté ne pouvait pas être mal reçue.   Car, sans parler de
Ronsard, qui a choisi ce même Astyanax pour le héros de
sa *Franciade*, qui ne sait que l'on fait descendre nos anciens
rois de ce fils d'Hector, et que nos vieilles chroniques
sauvent la vie à ce jeune prince, après la désolation de son
pays, pour en faire le fondateur de notre monarchie ?

Combien Euripide a-t-il été plus hardi dans sa tragédie
d'*Hélène* !   Il y choque ouvertement la créance commune   110
de toute la Grèce.   Il suppose qu'Hélène n'a jamais mis le
pied dans Troie ; et qu'après l'embrasement de cette ville,
Ménélas trouve sa femme en Égypte, dont elle n'était point
partie.   Tout cela fondé sur une opinion qui n'était reçue
que parmi les Égyptiens, comme on le peut voir dans
Hérodote.

Je ne crois pas que j'eusse besoin de cet exemple
d'Euripide pour justifier le peu de liberté que j'ai prise.   Car
il y a bien de la différence entre détruire le principal
fondement d'une fable, et en altérer quelques incidents,   120
qui changent presque de face dans toutes les mains qui les
traitent.   Ainsi Achille, selon la plupart des poètes, ne

peut être blessé qu'au talon, quoique Homère le fasse
blesser au bras et ne le croie invulnérable en aucune
partie de son corps.   Ainsi Sophocle fait mourir Jocaste
aussitôt après la reconnaissance d'Œdipe, tout au contraire
d'Euripide, qui la fait vivre jusqu'au combat et à la mort de
ses deux fils.   Et c'est à propos de quelque contrariété de
cette nature qu'un ancien commentateur de Sophocle
remarque fort bien, « qu'il ne faut point s'amuser 130
à chicaner les poètes pour quelques changements qu'ils ont
pu faire dans la fable ; mais qu'il faut s'attacher à
considérer l'excellent usage qu'ils ont fait de ces
changements, et la manière ingénieuse dont ils ont su
accommoder la fable à leur sujet. »

ACTEURS

ANDROMAQUE, veuve d'Hector, captive de Pyrrhus.

PYRRHUS, fils d'Achille, roi d'Épire.

ORESTE, fils d'Agamemnon.

HERMIONE, fille d'Hélène, accordée avec Pyrrhus.

PYLADE, ami d'Oreste.

CLÉONE, confidente d'Hermione.

CÉPHISE, confidente d'Andromaque.

PHŒNIX, gouverneur d'Achille, et ensuite de Pyrrhus.

SUITE D'ORESTE.

La scène est à Buthrot, ville d'Epire, dans une salle du palais de Pyrrhus.

ACTE I

SCÈNE PREMIÈRE

Oreste, Pylade

ORESTE

Oui, puisque je retrouve un ami si fidèle,
Ma fortune va prendre une face nouvelle ;
Et déjà son courroux semble s'être adouci,
Depuis qu'elle a pris soin de nous rejoindre ici.
Qui l'eût dit, qu'un rivage à mes vœux si funeste
Présenterait d'abord Pylade aux yeux d'Oreste ?
Qu'après plus de six mois que je t'avais perdu,
A la cour de Pyrrhus tu me serais rendu ?

PYLADE

J'en rends grâces au ciel, qui, m'arrêtant sans cesse,
Semblait m'avoir fermé le chemin de la Grèce.   10
Depuis le jour fatal que la fureur des eaux
Presque aux yeux de l'Épire écarta nos vaisseaux.
Combien dans cet exil ai-je souffert d'alarmes !
Combien à vos malheurs ai-je donné de larmes,
Craignant toujours pour vous quelque nouveau danger
Que ma triste amitié ne pouvait partager !
Surtout je redoutais cette mélancolie
Où j'ai vu si longtemps votre âme ensevelie.
Je craignais que le ciel, par un cruel secours,
Ne vous offrît la mort que vous cherchiez toujours.   20
Mais je vous vois, Seigneur ; et si j'ose le dire,
Un destin plus heureux vous conduit en Épire :
Le pompeux appareil qui suit ici vos pas
N'est point d'un malheureux qui cherche le trépas.

7

ORESTE

Hélas ! qui peut savoir le destin qui m'amène ?
L'amour me fait ici chercher une inhumaine.
Mais qui sait ce qu'il doit ordonner de mon sort,
Et si je viens chercher ou la vie ou la mort ?

PYLADE

Quoi ? votre âme à l'amour en esclave asservie
Se repose sur lui du soin de votre vie ?   30
Par quel charme, oubliant tant de tourments soufferts,
Pouvez-vous consentir à rentrer dans ses fers ?
Pensez-vous qu'Hermione, à Sparte inexorable,
Vous prépare en Épire un sort plus favorable ?
Honteux d'avoir poussé tant de vœux superflus,
Vous l'abhorriez ; enfin vous ne m'en parliez plus.
Vous me trompiez, Seigneur.

ORESTE

                              Je me trompais moi-même.
Ami, n'accable point un malheureux qui t'aime.
T'ai-je jamais caché mon cœur et mes désirs ?
Tu vis naître ma flamme et mes premiers soupirs.   40
Enfin, quand Ménélas disposa de sa fille
En faveur de Pyrrhus, vengeur de sa famille,
Tu vis mon désespoir ; et tu m'as vu depuis
Traîner de mers en mers ma chaîne et mes ennuis.
Je te vis à regret, en cet état funeste,
Prêt à suivre partout le déplorable Oreste,
Toujours de ma fureur interrompre le cours,
Et de moi-même enfin me sauver tous les jours.
Mais quand je me souvins que parmi tant d'alarmes
Hermione à Pyrrhus prodiguait tous ses charmes,   50
Tu sais de quel courroux mon cœur alors épris
Voulut en l'oubliant punir tous ses mépris.

Je fis croire et je crus ma victoire certaine ;
Je pris tous mes transports pour des transports de haine ;
Détestant ses rigueurs, rabaissant ses attraits,
Je défiais ses yeux de me troubler jamais.
Voilà comme je crus étouffer ma tendresse.
En ce calme trompeur j'arrivai dans la Grèce ;
Et je trouvai d'abord ses princes rassemblés,
Qu'un péril assez grand semblait avoir troublés.   60
J'y courus.   Je pensai que la guerre et la gloire
De soins plus importants rempliraient ma mémoire ;
Que mes sens reprenant leur première vigueur,
L'amour achèverait de sortir de mon cœur.
Mais admire avec moi le sort dont la poursuite
Me fait courir alors au piège que j'évite.
J'entends de tous côtés qu'on menace Pyrrhus ;
Toute la Grèce éclate en murmures confus ;
On se plaint qu'oubliant son sang et sa promesse
Il élève en sa cour l'ennemie de la Grèce,   70
Astyanax, d'Hector jeune et malheureux fils,
Reste de tant de rois sous Troie ensevelis.
J'apprends que pour ravir son enfance au supplice
Andromaque trompa l'ingénieux Ulysse,
Tandis qu'un autre enfant, arraché de ses bras,
Sous le nom de son fils fut conduit au trépas.
On dit que peu sensible aux charmes d'Hermione,
Mon rival porte ailleurs son cœur et sa couronne ;
Ménélas, sans le croire, en parait affligé,
Et se plaint d'un hymen si longtemps négligé.   80
Parmi les déplaisirs où son âme se noie,
Il s'élève en la mienne une secrète joie :
Je triomphe ; et pourtant je me flatte d'abord
Que la seule vengeance excite ce transport.
Mais l'ingrate en mon cœur reprit bientôt sa place :
De mes feux mal éteints je reconnus la trace ;
Je sentis que ma haine allait finir son cours,

Ou plutôt je sentis que je l'aimais toujours.
Ainsi de tous les Grecs je brigue le suffrage.
On m'envoie à Pyrrhus ; j'entreprends ce voyage.   90
Je viens voir si l'on peut arracher de ses bras
Cet enfant dont la vie alarme tant d'États :
Heureux si je pouvais, dans l'ardeur qui me presse,
Au lieu d'Astyanax, lui ravir ma princesse !
Car enfin n'attends pas que mes feux redoublés
Des périls les plus grands puissent être troublés.
Puisqu'après tant d'efforts ma résistance est vaine,
Je me livre en aveugle au destin qui m'entraîne.
J'aime : je viens chercher Hermione en ces lieux,
La fléchir, l'enlever, ou mourir à ses yeux.   100
Toi qui connais Pyrrhus, que penses-tu qu'il fasse ?
Dans sa cour, dans son cœur, dis-moi ce qui se passe.
Mon Hermione encor le tient-elle asservi ?
Me rendra-t-il, Pylade, un bien qu'il m'a ravi ?

PYLADE

Je vous abuserais si j'osais vous promettre
Qu'entre vos mains, Seigneur, il voulût la remettre :
Non que de sa conquête il paraisse flatté.
Pour la veuve d'Hector ses feux ont éclaté :
Il l'aime.   Mais enfin cette veuve inhumaine
N'a payé jusqu'ici son amour que de haine ;   110
Et chaque jour encore on lui voit tout tenter
Pour fléchir sa captive, ou pour l'épouvanter.
De son fils, qu'il lui cache, il menace la tête,
Et fait couler des pleurs, qu'aussitôt il arrête.
Hermione elle-même a vu plus de cent fois
Cet amant irrité revenir sous ses lois,
Et de ses vœux troublés lui rapportant l'hommage,
Soupirer à ses pieds moins d'amour que de rage.
Ainsi n'attendez pas que l'on puisse aujourd'hui
Vous répondre d'un cœur si peu maître de lui :   120

Il peut, Seigneur, il peut, dans ce désordre extrême,
Épouser ce qu'il hait, et punir ce qu'il aime.

ORESTE

Mais dis-moi de quel œil Hermione peut voir
Son hymen différé, ses charmes sans pouvoir.

PYLADE

Hermione, Seigneur, au moins en apparence,
Semble de son amant dédaigner l'inconstance,
Et croit que trop heureux de fléchir sa rigueur,
Il la viendra presser de reprendre son cœur.
Mais je l'ai vue enfin me confier ses larmes.
Elle pleure en secret le mépris de ses charmes.   130
Toujours prête à partir, et demeurant toujours,
Quelquefois elle appelle Oreste à son secours.

ORESTE

Ah ! si je le croyais, j'irais bientôt, Pylade,
Me jeter . . .

PYLADE
            Achevez, Seigneur, votre ambassade.
Vous attendez le Roi.   Parlez, et lui montrez
Contre le fils d'Hector tous les Grecs conjurés.
Loin de leur accorder ce fils de sa maîtresse,
Leur haine ne fera qu'irriter sa tendresse.
Plus on les veut brouiller, plus on va les unir.
Pressez : demandez tout, pour ne rien obtenir.   140
Il vient.

ORESTE
            Hé bien ! va donc disposer la cruelle
A revoir un amant qui ne vient que pour elle.

SCÈNE II

Pyrrhus, Oreste, Phœnix

ORESTE

Avant que tous les Grecs vous parlent par ma voix,
Souffrez que j'ose ici me flatter de leur choix,
Et qu'à vos yeux, Seigneur, je montre quelque joie
De voir le fils d'Achille et le vainqueur de Troie.
Oui, comme ses exploits nous admirons vos coups :
Hector tomba sous lui, Troie expira sous vous ;
Et vous avez montré, par une heureuse audace,
Que le fils seul d'Achille a pu remplir sa place.   150
Mais ce qu'il n'eût point fait, la Grèce avec douleur
Vous voit du sang troyen relever le malheur,
Et vous laissant toucher d'une pitié funeste,
D'une guerre si longue entretenir le reste.
Ne vous souvient-il plus, Seigneur, quel fut Hector ?
Nos peuples affaiblis s'en souviennent encor.
Son nom seul fait frémir nos veuves et nos filles ;
Et dans toute la Grèce il n'est point de familles
Qui ne demandent compte à ce malheureux fils
D'un père ou d'un époux qu'Hector leur a ravis.   160
Et qui sait ce qu'un jour ce fils peut entreprendre ?
Peut-être dans nos ports nous le verrons descendre,
Tel qu'on a vu son père embraser nos vaisseaux,
Et la flamme à la main, les suivre sur les eaux.
Oserai-je, Seigneur, dire ce que je pense ?
Vous-même de vos soins craignez la récompense,
Et que dans votre sein ce serpent élevé
Ne vous punisse un jour de l'avoir conservé.
Enfin de tous les Grecs satisfaites l'envie,
Assurez leur vengeance, assurez votre vie ;   170
Perdez un ennemi d'autant plus dangereux
Qu'il s'essaiera sur vous à combattre contre eux.

PYRRHUS

La Grèce en ma faveur est trop inquiétée.
De soins plus importants je l'ai crue agitée,
Seigneur ; et sur le nom de son ambassadeur,
J'avais dans ses projets conçu plus de grandeur.
Qui croirait en effet qu'une telle entreprise
Du fils d'Agamemnon méritât l'entremise ;
Qu'un peuple tout entier, tant de fois triomphant,
N'eût daigné conspirer que la mort d'un enfant ?   180
Mais à qui prétend-on que je le sacrifie ?
La Grèce a-t-elle encor quelque droit sur sa vie ?
Et, seul de tous les Grecs, ne m'est-il pas permis
D'ordonner d'un captif que le sort m'a soumis ?
Oui, Seigneur, lorsqu'au pied des murs fumants de Troie
Les vainqueurs tout sanglants partagèrent leur proie,
Le sort, dont les arrêts furent alors suivis,
Fit tomber en mes mains Andromaque et son fils.
Hécube près d'Ulysse acheva sa misère ;
Cassandre dans Argos a suivi votre père :   190
Sur eux, sur leurs captifs, ai-je étendu mes droits ?
Ai-je enfin disposé du fruit de leurs exploits ?
On craint qu'avec Hector Troie un jour ne renaisse ;
Son fils peut me ravir le jour que je lui laisse.
Seigneur, tant de prudence entraîne trop de soin :
Je ne sais point prévoir les malheurs de si loin.
Je songe quelle était autrefois cette ville,
Si superbe en remparts, en héros si fertile,
Maîtresse de l'Asie ; et je regarde enfin
Quel fut le sort de Troie, et quel est son destin.   200
Je ne vois que des tours que la cendre a couvertes,
Un fleuve teint de sang, des campagnes désertes,
Un enfant dans les fers ; et je ne puis songer
Que Troie en cet état aspire à se venger.
Ah ! si du fils d'Hector la perte était jurée,
Pourquoi d'un an entier l'avons-nous différée ?

Dans le sein de Priam n'a-t-on pu l'immoler ?
Sous tant de morts, sous Troie, il fallait l'accabler.
Tout était juste alors : la vieillesse et l'enfance
En vain sur leur faiblesse appuyaient leur défense ;   210
La victoire et la nuit, plus cruelles que nous,
Nous excitaient au meurtre, et confondaient nos coups.
Mon courroux aux vaincus ne fut que trop sévère.
Mais que ma cruauté survive à ma colère ?
Que malgré la pitié dont je me sens saisir,
Dans le sang d'un enfant je me baigne à loisir ?
Non, Seigneur. Que les Grecs cherchent quelque autre
      proie ;
Qu'ils poursuivent ailleurs ce qui reste de Troie :
De mes inimitiés le cours est achevé ;
L'Épire sauvera ce que Troie a sauvé.   220

ORESTE

Seigneur, vous savez trop avec quel artifice
Un faux Astyanax fut offert au supplice
Où le seul fils d'Hector devait être conduit.
Ce n'est pas les Troyens, c'est Hector qu'on poursuit.
Oui, les Grecs sur le fils persécutent le père ;
Il a par trop de sang acheté leur colère.
Ce n'est que dans le sien qu'elle peut expirer ;
Et jusque dans l'Épire il les peut attirer.
Prévenez-les.

PYRRHUS

            Non, non.   J'y consens avec joie :
Qu'ils cherchent dans l'Épire une seconde Troie ;   230
Qu'ils confondent leur haine, et ne distinguent plus
Le sang qui les fit vaincre et celui des vaincus.
Aussi bien ce n'est pas la première injustice
Dont la Grèce d'Achille a payé le service.
Hector en profita, Seigneur ; et quelque jour
Son fils en pourrait bien profiter à son tour.

ORESTE

Ainsi la Grèce en vous trouve un enfant rebelle ?

PYRRHUS

Et je n'ai donc vaincu que pour dépendre d'elle ?

ORESTE

Hermione, Seigneur, arrêtera vos coups :
Ses yeux s'opposeront entre son père et vous.   240

PYRRHUS

Hermione, Seigneur, peut m'être toujours chère ;
Je puis l'aimer, sans être esclave de son père ;
Et je saurai peut-être accorder quelque jour
Les soins de ma grandeur et ceux de mon amour,
Vous pouvez cependant voir la fille d'Hélène :
Du sang qui vous unit je sais l'étroite chaîne.
Après cela, Seigneur, je ne vous retiens plus,
Et vous pourrez aux Grecs annoncer mon refus.

SCÈNE III

Pyrrhus, Phœnix

PHŒNIX

Ainsi vous l'envoyez aux pieds de sa maîtresse !

PYRRHUS

On dit qu'il a longtemps brûlé pour la princesse.   250

PHŒNIX

Mais si ce feu, Seigneur, vient à se rallumer ?
S'il lui rendait son cœur, s'il s'en faisait aimer ?

5

PYRRHUS

Ah ! qu'ils s'aiment, Phœnix : j'y consens.   Qu'elle parte.
Que, charmés l'un de l'autre, ils retournent à Sparte ;
Tous nos ports sont ouverts et pour elle et pour lui.
Qu'elle m'épargnerait de contrainte et d'ennui !

PHŒNIX

Seigneur . . .

PYRRHUS

Une autre fois je t'ouvrirai mon âme :
Andromaque paraît.

SCÈNE IV

Pyrrhus, Andromaque, Phœnix, Céphise

PYRRHUS

Me cherchiez-vouz, Madame ?
Un espoir si charmant me serait-il permis ?

ANDROMAQUE

Je passais jusqu'aux lieux où l'on garde mon fils.   260
Puisqu'une fois le jour vous souffrez que je voie
Le seul bien qui me reste et d'Hector et de Troie,
J'allais, Seigneur, pleurer un moment avec lui :
Je ne l'ai point encore embrassé d'aujourd'hui !

PYRRHUS

Ah ! Madame, les Grecs, si j'en crois leurs alarmes,
Vous donneront bientôt d'autres sujets de larmes.

ANDROMAQUE

Et quelle est cette peur dont leur cœur est frappé,
Seigneur ?   Quelque Troyen vous est-il échappé ?

PYRRHUS

Leur haine pour Hector n'est pas encore éteinte.
Ils redoutent son fils.

ANDROMAQUE

       Digne objet de leur crainte! 270
Un enfant malheureux, qui ne sait pas encor
Que Pyrrhus est son maître, et qu'il est fils d'Hector.

PYRRHUS

Tel qu'il est, tous les Grecs demandent qu'il périsse.
Le fils d'Agamemnon vient hâter son supplice.

ANDROMAQUE

Et vous prononcerez un arrêt si cruel ?
Est-ce mon intérêt qui le rend criminel ?
Hélas ! on ne craint point qu'il venge un jour son père ;
On craint qu'il n'essuyât les larmes de sa mère.
Il m'aurait tenu lieu d'un père et d'un époux ;
Mais il me faut tout perdre, et toujours par vos coups. 280

PYRRHUS

Madame, mes refus ont prévenu vos larmes.
Tous les Grecs m'ont déjà menacé de leurs armes ;
Mais, dussent-ils encore, en repassant les eaux,
Demander votre fils avec mille vaisseaux ;
Coutât-il tout le sang qu'Hélène a fait répandre ;
Dussé-je après dix ans voir mon palais en cendre,
Je ne balance point, je vole à son secours :
Je défendrai sa vie aux dépens de mes jours.
Mais, parmi ces périls où je cours pour vous plaire,
Me refuserez-vous un regard moins sévère ? 290
Haï de tous les Grecs, pressé de tous côtés,
Me faudra-t-il combattre encor vos cruautés ?
Je vous offre mon bras.   Puis-je espérer encore
Que vous accepterez un cœur qui vous adore ?

En combattant pour vous, me sera-t-il permis
De ne vous point compter parmi mes ennemis ?

ANDROMAQUE

Seigneur, que faites-vous, et que dira la Grèce ?
Faut-il qu'un si grand cœur montre tant de faiblesse ?
Voulez-vous qu'un dessein si beau, si généreux,
Passe pour le transport d'un esprit amoureux ?   300
Captive, toujours triste, importune à moi-même,
Pouvez-vous souhaiter qu'Andromaque vous aime ?
Quels charmes ont pour vous des yeux infortunés
Qu'à des pleurs éternels vous avez condamnés ?
Non, non : d'un ennemi respecter la misère,
Sauver des malheureux, rendre un fils à sa mère,
De cent peuples pour lui combattre la rigueur
Sans me faire payer son salut de mon cœur,
Malgré moi, s'il le faut, lui donner un asile :
Seigneur, voilà des soins dignes du fils d'Achille.   310

PYRRHUS

Hé quoi ? votre courroux n'a-t-il pas eu son cours ?
Peut-on haïr sans cesse ? et punit-on toujours ?
J'ai fait des malheureux, sans doute ; et la Phrygie
Cent fois de votre sang a vu ma main rougie.
Mais que vos yeux sur moi se sont bien exercés !
Qu'ils m'ont vendu bien cher les pleurs qu'ils ont versés !
De combien de remords m'ont-ils rendu la proie !
Je souffre tous les maux que j'ai faits devant Troie.
Vaincu, chargé de fers, de regrets consumé,
Brûlé de plus de feux que je n'en allumai,   320
Tant de soins, tant de pleurs, tant d'ardeurs inquiètes . . .
Hélas ! fus-je jamais si cruel que vous l'êtes ?
Mais enfin, tour à tour, c'est assez nous punir ;
Nos ennemis communs devraient nous réunir.
Madame, dites-moi seulement que j'espère,
Je vous rends votre fils, et je lui sers de père ;

Je l'instruirai moi-même à venger les Troyens ;
J'irai punir les Grecs de vos maux et des miens.
Animé d'un regard, je puis tout entreprendre :
Votre Ilion encor peut sortir de sa cendre ;   330
Je puis, en moins de temps que les Grecs ne l'ont pris,
Dans ses murs relevés couronner votre fils.

ANDROMAQUE

Seigneur, tant de grandeurs ne nous touchent plus guère :
Je les lui promettais tant qu'a vécu son père.
Non, vous n'espérez plus de nous revoir encor,
Sacrés murs, que n'a pu conserver mon Hector !
A de moindres faveurs des malheureux prétendent,
Seigneur ; c'est un exil que mes pleurs vous demandent.
Souffrez que loin des Grecs, et même loin de vous,
J'aille cacher mon fils et pleurer mon époux.   340
Votre amour contre nous allume trop de haine :
Retournez, retournez à la fille d'Hélène.

PYRRHUS

Et le puis-je, Madame ?   Ah ! que vous me gênez !
Comment lui rendre un cœur que vous me retenez ?
Je sais que de mes vœux on lui promit l'empire ;
Je sais que pour régner elle vint dans l'Épire ;
Le sort vous y voulut l'une et l'autre amener :
Vous, pour porter des fers ; elle, pour en donner.
Cependant ai-je pris quelque soin de lui plaire ?
Et ne dirait-on pas, en voyant au contraire   350
Vos charmes tout puissants, et les siens dédaignés,
Qu'elle est ici captive, et que vous y régnez ?
Ah ! qu'un seul des soupirs que mon cœur vous envoie,
S'il s'échappait vers elle, y porterait de joie !

ANDROMAQUE

Et pourquoi vos soupirs seraient-ils repoussés ?
Aurait-elle oublié vos services passés ?

Troie, Hector, contre vous révoltent-ils son âme ?
Aux cendres d'un époux doit-elle enfin sa flamme ?
Et quel époux encore ! Ah ! souvenir cruel !
Sa mort seule a rendu votre père immortel.   360
Il doit au sang d'Hector tout l'éclat de ses armes,
Et vous n'êtes tous deux connus que par mes larmes.

PYRRHUS

Hé bien, Madame, hé bien, il faut vous obéir :
Il faut vous oublier, ou plutôt vous haïr.
Oui, mes vœux ont trop loin poussé leur violence
Pour ne plus s'arrêter que dans l'indifférence.
Songez-y bien : il faut désormais que mon cœur,
S'il n'aime avec transport, haïsse avec fureur.
Je n'épargnerai rien dans ma juste colère :
Le fils me répondra des mépris de la mère ;   370
La Grèce le demande ; et je ne prétends pas
Mettre toujours ma gloire à sauver des ingrats.

ANDROMAQUE

Hélas ! il mourra donc ! il n'a pour sa défense
Que les pleurs de sa mère, et que son innocence.
Et peut-être après tout, en l'état où je suis,
Sa mort avancera la fin de mes ennuis.
Je prolongeais pour lui ma vie et ma misère ;
Mais enfin sur ses pas j'irai revoir son père.
Ainsi tous trois, Seigneur, par vos soins réunis,
Nous vous . . .

PYRRHUS

                    Allez, Madame, allez voir votre fils,   380
Peut-être, en le voyant, votre amour plus timide
Ne prendra pas toujours sa colère pour guide.
Pour savoir nos destins j'irai vous retrouver.
Madame, en l'embrassant, songez à le sauver.

ACTE II

SCÈNE PREMIÈRE

Hermione, Cléone

HERMIONE

Je fais ce que tu veux. Je consens qu'il me voie :
Je lui veux bien encore accorder cette joie.
Pylade va bientôt conduire ici ses pas ;
Mais si je m'en croyais, je ne le verrais pas.

CLÉONE

Et qu'est-ce que sa vue a pour vous de funeste ?
Madame, n'est-ce pas toujours le même Oreste   390
Dont vous avez cent fois souhaité le retour,
Et dont vous regrettiez la constance et l'amour ?

HERMIONE

C'est cet amour payé de trop d'ingratitude
Qui me rend en ces lieux sa présence si rude.
Quelle honte pour moi, quel triomphe pour lui
De voir mon infortune égaler son ennui !
Est-ce là, dira-t-il, cette fière Hermione ?
Elle me dédaignait ; un autre l'abandonne.
L'ingrate, qui mettait son cœur à si haut prix,
Apprend donc à son tour à souffrir des mépris !   400
Ah Dieux !

CLÉONE

Ah ! dissipez ces indignes alarmes.
Il a trop bien senti le pouvoir de vos charmes.
Vous croyez qu'un amant vienne vous insulter ?

Il vous rapporte un cœur qu'il n'a pu vous ôter.
Mais vous ne dites point ce que vous mande un père.

HERMIONE

Dans ses retardements si Pyrrhus persévère,
A la mort du Troyen s'il ne veut consentir,
Mon père avec les Grecs m'ordonne de partir.

CLÉONE

Hé bien, Madame, hé bien ! écoutez donc Oreste.
Pyrrhus a commencé, faites au moins le reste.   410
Pour bien faire, il faudrait que vous le prévinssiez.
Ne m'avez-vous pas dit que vous le haïssiez ?

HERMIONE

Si je le hais, Cléone !   Il y va de ma gloire,
Après tant de bontés dont il perd la mémoire.
Lui qui me fut si cher, et qui m'a pu trahir !
Ah ! je l'ai trop aimé pour ne le point haïr.

CLÉONE

Fuyez-le donc, Madame ; et puisqu'on vous adore . . .

HERMIONE

Ah ! laisse à ma fureur le temps de croître encore ;
Contre mon ennemi laisse-moi m'assurer :
Cléone, avec horreur je m'en veux séparer.   420
Il n'y travaillera que trop bien, l'infidèle !

CLÉONE

Quoi ? vous en attendez quelque injure nouvelle ?
Aimer une captive, et l'aimer à vos yeux,
Tout cela n'a donc pu vous le rendre odieux ?
Après ce qu'il a fait, que saurait-il donc faire ?
Il vous aurait déplu, s'il pouvait vous déplaire.

HERMIONE

Pourquoi veux-tu, cruelle, irriter mes ennuis ?
Je crains de me connaître en l'état où je suis.
De tout ce que tu vois tâche de ne rien croire ;
Crois que je n'aime plus, vante-moi ma victoire ;   430
Crois que dans son dépit mon cœur est endurci ;
Hélas ! et s'il se peut, fais-le-moi croire aussi.
Tu veux que je le fuie.   Hé bien ! rien ne m'arrête :
Allons.   N'envions plus son indigne conquête ;
Que sur lui sa captive étende son pouvoir.
Fuyons . . . Mais si l'ingrat rentrait dans son devoir !
Si la foi dans son cœur retrouvait quelque place !
S'il venait à mes pieds me demander sa grâce !
Si sous mes lois, Amour, tu pouvais l'engager !
S'il voulait ! . . . Mais l'ingrat ne veut que m'outrager,   440
Demeurons toutefois pour troubler leur fortune ;
Prenons quelque plaisir à leur être importune ;
Ou le forçant de rompre un nœud si solennel,
Aux yeux de tous les Grecs rendons-le criminel.
J'ai déjà sur le fils attiré leur colère ;
Je veux qu'on vienne encor lui demander la mère.
Rendons-lui les tourments qu'elle me fait souffrir :
Qu'elle le perde, ou bien qu'il la fasse périr.

CLÉONE

Vous pensez que des yeux toujours ouverts aux larmes
Se plaisent à troubler le pouvoir de vos charmes,   450
Et qu'un cœur accablé de tant de déplaisirs
De son persécuteur ait brigué les soupirs ?
Voyez si sa douleur en paraît soulagée.
Pourquoi donc les chagrins où son âme est plongée ?
Contre un amant qui plaît pourquoi tant de fierté ?

HERMIONE

Hélas ! pour mon malheur, je l'ai trop écouté.

Je n'ai point du silence affecté le mystère :
Je croyais sans péril pouvoir être sincère ;
Et, sans armer mes yeux d'un moment de rigueur,
Je n'ai pour lui parler consulté que mon cœur.   460
Et qui ne se serait comme moi déclarée
Sur la foi d'une amour si saintement jurée ?
Me voyait-il de l'œil qu'il me voit aujourd'hui ?
Tu t'en souviens encor, tout conspirait pour lui :
Ma famille vengée, et les Grecs dans la joie,
Nos vaisseaux tout chargés des dépouilles de Troie,
Les exploits de son père effacés par les siens,
Ses feux que je croyais plus ardents que les miens,
Mon cœur . . . toi-même enfin de sa gloire éblouie,
Avant qu'il me trahît, vous m'avez tous trahie.   470
Mais c'en est trop, Cléone, et quel que soit Pyrrhus,
Hermione est sensible ; Oreste a des vertus.
Il sait aimer du moins, et même sans qu'on l'aime ;
Et peut-être il saura se faire aimer lui-même.
Allons : qu'il vienne enfin.

CLÉONE
Madame, le voici.

HERMIONE
Ah ! je ne croyais pas qu'il fût si près d'ici.

SCÈNE II

Hermione, Oreste, Cléone

HERMIONE
Le croirai-je, Seigneur, qu'un reste de tendresse
Vous fasse ici chercher une triste princesse ?
Ou ne dois-je imputer qu'à votre seul devoir
L'heureux empressement qui vous porte à me voir ?   480

ORESTE

Tel est de mon amour l'aveuglement funeste.
Vous le savez, Madame ; et le destin d'Oreste
Est de venir sans cesse adorer vos attraits,
Et de jurer toujours qu'il n'y viendra jamais.
Je sais que vos regards vont rouvrir mes blessures,
Que tous mes pas vers vous sont autant de parjures ;
Je le sais, j'en rougis.   Mais j'atteste les Dieux,
Témoins de la fureur de mes derniers adieux,
Que j'ai couru partout où ma perte certaine
Dégageait mes serments et finissait ma peine.   490
J'ai mendié la mort chez des peuples cruels
Qui n'apaisaient leurs dieux que du sang des mortels :
Ils m'ont fermé leur temple ; et ces peuples barbares
De mon sang prodigué sont devenus avares.
Enfin je viens à vous, et je me vois réduit
A chercher dans vos yeux une mort qui me fuit.
Mon désespoir n'attend que leur indifférence :
Ils n'ont qu'à m'interdire un reste d'espérance ;
Ils n'ont, pour avancer cette mort où je cours,
Qu'à me dire une fois ce qu'ils m'ont dit toujours.   500
Voilà, depuis un an, le seul soin qui m'anime.
Madame, c'est à vous de prendre une victime
Que les Scythes auraient dérobée à vos coups,
Si j'en avais trouvé d'aussi cruels que vous.

HERMIONE

Quittez, Seigneur, quittez ce funeste langage.
A des soins plus pressants la Grèce vous engage.
Que parlez-vous du Scythe et de mes cruautés ?
Songez à tous ces rois que vous représentez.
Faut-il que d'un transport leur vengeance dépende ?
Est-ce le sang d'Oreste enfin qu'on vous demande ?   510
Dégagez-vous des soins dont vous êtes chargé.

ORESTE

Les refus de Pyrrhus m'ont assez dégagé,
Madame : il me renvoie ; et quelque autre puissance
Lui fait du fils d'Hector embrasser la défense.

HERMIONE

L'infidèle !

ORESTE

                Ainsi donc, tout prêt à le quitter,
Sur mon propre destin je viens vous consulter.
Déjà même je crois entendre la réponse
Qu'en secret contre moi votre haine prononce.

HERMIONE

Hé quoi ? toujours injuste en vos tristes discours,
De mon inimitié vous plaindrez-vous toujours ?   520
Quelle est cette rigueur tant de fois alléguée ?
J'ai passé dans l'Épire, où j'étais reléguée :
Mon père l'ordonnait.   Mais qui sait si depuis
Je n'ai point en secret partagé vos ennuis ?
Pensez-vous avoir seul éprouvé des alarmes ?
Que l'Épire jamais n'ait vu couler mes larmes ?
Enfin, qui vous a dit que malgré mon devoir
Je n'ai pas quelquefois souhaité de vous voir ?

ORESTE

Souhaité de me voir !   Ah ! divine princesse . . .
Mais, de grâce, est-ce à moi que ce discours s'adresse ?   530
Ouvrez vos yeux : songez qu'Oreste est devant vous,
Oreste, si longtemps l'objet de leur courroux.

HERMIONE

Oui, c'est vous dont l'amour, naissant avec leurs charmes,
Leur apprit le premier le pouvoir de leurs armes ;

Vous que mille vertus me forçaient d'estimer ;
Vous que j'ai plaint, enfin que je voudrais aimer.

ORESTE

Je vous entends.   Tel est mon partage funeste :
Le cœur est pour Pyrrhus, et les vœux pour Oreste.

HERMIONE

Ah ! ne souhaitez pas le destin de Pyrrhus :
Je vous haïrais trop.

ORESTE

Vous m'en aimeriez plus.   540
Ah ! que vous me verriez d'un regard bien contraire !
Vous me voulez aimer, et je ne puis vous plaire ;
Et l'amour seul alors se faisant obéir,
Vous m'aimeriez, Madame, en me voulant haïr.
O Dieux ! tant de respects, une amitié si tendre . . .
Que de raisons pour moi, si vous pouviez m'entendre !
Vous seule pour Pyrrhus disputez aujourd'hui,
Peut-être malgré vous, sans doute malgré lui.
Car enfin il vous hait ; son âme, ailleurs éprise,
N'a plus . . .

HERMIONE

Qui vous l'a dit, Seigneur, qu'il me méprise ?   550
Ses regards, ses discours vous l'ont-ils donc appris ?
Jugez-vous que ma vue inspire des mépris,
Qu'elle allume en un cœur des feux si peu durables ?
Peut-être d'autres yeux me sont plus favorables.

ORESTE

Poursuivez : il est beau de m'insulter ainsi !
Cruelle, c'est donc moi qui vous méprise ici ?
Vos yeux n'ont pas assez éprouvé ma constance ?

Je suis donc un témoin de leur peu de puissance ?
Je les ai méprisés ?   Ah ! qu'ils voudraient bien voir
Mon rival, comme moi, mépriser leur pouvoir !   560

HERMIONE

Que m'importe, Seigneur, sa haine ou sa tendresse ?
Allez contre un rebelle armer toute la Grèce ;
Rapportez-lui le prix de sa rébellion ;
Qu'on fasse de l'Épire un second Ilion.
Allez.   Après cela direz-vous que je l'aime ?

ORESTE

Madame, faites plus, et venez-y vous-même.
Voulez-vous demeurer pour otage en ces lieux ?
Venez dans tous les cœurs faire parler vos yeux.
Faisons de notre haine une commune attaque.

HERMIONE

Mais, Seigneur, cependant, s'il épouse Andromaque ?   570

ORESTE

Hé, Madame !

HERMIONE

            Songez quelle honte pour nous
Si d'une Phrygienne il devenait l'époux !

ORESTE

Et vous le haïssez ?   Avouez-le, Madame,
L'amour n'est pas un feu qu'on renferme en une âme :
Tout nous trahit, la voix, le silence, les yeux ;
Et les feux mal couverts n'en éclatent que mieux.

HERMIONE

Seigneur, je le vois bien, votre âme prévenue

Répand sur mes discours le venin qui la tue,
Toujours dans mes raisons cherche quelque détour,
Et croit qu'en moi la haine est un effort d'amour.   580
Il faut donc m'expliquer : vous agirez ensuite.
Vous savez qu'en ces lieux mon devoir m'a conduite ;
Mon devoir m'y retient, et je n'en puis partir
Que mon père ou Pyrrhus ne m'en fasse sortir.
De la part de mon père allez lui faire entendre
Que l'ennemi des Grecs ne peut être son gendre :
Du Troyen ou de moi faites-le décider ;
Qu'il songe qui des deux il veut rendre ou garder ;
Enfin qu'il me renvoie, ou bien qu'il vous le livre.
Adieu.   S'il y consent, je suis prête à vous suivre.   590

SCÈNE III

Oreste, seul

Oui, oui, vous me suivrez, n'en doutez nullement :
Je vous réponds déjà de son consentement.
Je ne crains pas enfin que Pyrrhus la retienne :
Il n'a devant les yeux que sa chère Troyenne ;
Tout autre objet le blesse ; et peut-être aujourd'hui
Il n'attend qu'un prétexte à l'éloigner de lui.
Nous n'avons qu'à parler : c'en est fait.   Quelle joie
D'enlever à l'Épire une si belle proie !
Sauve tout ce qui reste et de Troie et d'Hector,
Garde son fils, sa veuve, et mille autres encor,   600
Épire : c'est assez qu'Hermione rendue
Perde à jamais tes bords et ton prince de vue.
Mais un heureux destin le conduit en ces lieux.
Parlons.   A tant d'attraits, Amour, ferme ses yeux !

SCÈNE IV

Pyrrhus, Oreste, Phœnix

PYRRHUS

Je vous cherchais, Seigneur.   Un peu de violence
M'a fait de vos raisons combattre la puissance,
Je l'avoue ; et depuis que je vous ai quitté,
J'en ai senti la force et connu l'équité.
J'ai songé, comme vous, qu'à la Grèce, à mon père,
A moi-même, en un mot, je devenais contraire ;   610
Que je relevais Troie, et rendais imparfait
Tout ce qu'a fait Achille et tout ce que j'ai fait.
Je ne condamne plus un courroux légitime,
Et l'on vous va, Seigneur, livrer votre victime.

ORESTE

Seigneur, par ce conseil prudent et rigoureux,
C'est acheter la paix du sang d'un malheureux.

PYRRHUS

Oui.   Mais je veux, Seigneur, l'assurer davantage :
D'une éternelle paix Hermione est le gage ;
Je l'épouse.   Il semblait qu'un spectacle si doux
N'attendît en ces lieux qu'un témoin tel que vous.   620
Vous y représentez tous les Grecs et son père,
Puisqu'en vous Ménélas voit revivre son frère.
Voyez-la donc.   Allez.   Dites-lui que demain
J'attends, avec la paix, son cœur de votre main.

ORESTE, *à part*

Ah Dieux !

SCÈNE V

Pyrrhus, Phœnix

PYRRHUS

Hé bien, Phœnix, l'amour est-il le maître ?
Tes yeux refusent-ils encor de me connaître ?

PHŒNIX

Ah ! je vous reconnais ; et ce juste courroux,
Ainsi qu'à tous les Grecs, Seigneur, vous rend à vous.
Ce n'est plus le jouet d'une flamme servile :
C'est Pyrrhus, c'est le fils et le rival d'Achille,   630
Que la gloire à la fin ramène sous ses lois,
Qui triomphe de Troie une seconde fois.

PYRRHUS

Dis plutôt qu'aujourd'hui commence ma victoire.
D'aujourd'hui seulement je jouis de ma gloire ;
Et mon cœur, aussi fier que tu l'as vu soumis,
Croit avoir en l'amour vaincu mille ennemis.
Considère, Phœnix, les troubles que j'évite,
Quelle foule de maux l'amour traîne à sa suite,
Que d'amis, de devoirs j'allais sacrifier,
Quels périls . . . Un regard m'eût tout fait oublier.   640
Tous les Grecs conjurés fondaient sur un rebelle.
Je trouvais du plaisir à me perdre pour elle.

PHŒNIX

Oui, je bénis, Seigneur, l'heureuse cruauté
Qui vous rend . . .

PYRRHUS

                Tu l'as vu, comme elle m'a traité !
Je pensais, en voyant sa tendresse alarmée,

6

Que son fils me la dût renvoyer désarmée.
J'allais voir le succès de ses embrassements :
Je n'ai trouvé que pleurs mêlés d'emportements.
Sa misère l'aigrit ; et toujours plus farouche,
Cent fois le nom d'Hector est sorti de sa bouche.   650
Vainement à son fils j'assurais mon secours :
" C'est Hector, disait-elle en l'embrassant toujours ;
Voilà ses yeux, sa bouche, et déjà son audace ;
C'est lui-même, c'est toi, cher époux, que j'embrasse."
Et quelle est sa pensée ?   Attend-elle en ce jour
Que je lui laisse un fils pour nourrir son amour ?

                    PHŒNIX
Sans doute.   C'est le prix que vous gardait l'ingrate.
Mais laissez-la, Seigneur.

                    PYRRHUS
                         Je vois ce qui la flatte.
Sa beauté la rassure ; et malgré mon courroux,
L'orgueilleuse m'attend encore à ses genoux.   660
Je la verrais aux miens, Phœnix, d'un œil tranquille.
Elle est veuve d'Hector, et je suis fils d'Achille :
Trop de haine sépare Andromaque et Pyrrhus.

                    PHŒNIX
Commencez donc, Seigneur, à ne m'en parler plus.
Allez voir Hermione ; et content de lui plaire,
Oubliez à ses pieds jusqu'à votre colère.
Vous-même à cet hymen venez la disposer.
Est-ce sur un rival qu'il s'en faut reposer ?
Il ne l'aime que trop.

                    PYRRHUS
                    Crois-tu, si je l'épouse,
Qu'Andromaque en son cœur n'en sera pas jalouse ?   670

PHŒNIX

Quoi ? toujours Andromaque occupe votre esprit ?
Que vous importe, ô Dieux ! sa joie ou son dépit ?
Quel charme, malgré vous, vers elle vous attire ?

PYRRHUS

Non, je n'ai pas bien dit tout ce qu'il lui faut dire :
Ma colère à ses yeux n'a paru qu'à demi ;
Elle ignore à quel point je suis son ennemi.
Retournons-y.   Je veux la braver à sa vue,
Et donner à ma haine une libre étendue.
Viens voir tous ses attraits, Phœnix, humiliés.
Allons.

PHŒNIX

    Allez, Seigneur, vous jeter à ses pieds.   680
Allez, en lui jurant que votre âme l'adore,
A de nouveaux mépris l'encourager encore.

PYRRHUS

Je le vois bien, tu crois que prêt à l'excuser
Mon cœur court après elle, et cherche à s'apaiser.

PHŒNIX

Vous aimez : c'est assez.

PYRRHUS

        Moi l'aimer ? une ingrate
Qui me hait d'autant plus que mon amour la flatte ?
Sans parents, sans amis, sans espoir que sur moi,
Je puis perdre son fils ; peut-être je le doi ;
Étrangère . . . que dis-je ? esclave dans l'Épire,
Je lui donne son fils, mon âme, mon empire ;   690
Et je ne puis gagner dans son perfide cœur
D'autre rang que celui de son persécuteur ?

Non, non, je l'ai juré, ma vengeance est certaine ;
Il faut bien une fois justifier sa haine.
J'abandonne son fils.   Que de pleurs vont couler !
De quel nom sa douleur me va-t-elle appeler !
Quel spectacle pour elle aujourd'hui se dispose !
Elle en mourra, Phœnix, et j'en serai la cause.
C'est lui mettre moi-même un poignard dans le sein.

PHŒNIX

Et pourquoi donc en faire éclater le dessein ?   700
Que ne consultiez-vous tantôt votre faiblesse ?

PYRRHUS

Je t'entends.   Mais excuse un reste de tendresse.
Crains-tu pour ma colère un si faible combat ?
D'un amour qui s'éteint c'est le dernier éclat.
Allons.   A tes conseils, Phœnix, je m'abandonne.
Faut-il livrer son fils ? faut-il voir Hermione ?

PHŒNIX

Oui, voyez-la, Seigneur ; et par des vœux soumis
Protestez-lui . . .

PYRRHUS

            Faisons tout ce que j'ai promis.

ACTE III

SCÈNE PREMIÈRE

Oreste, Pylade

PYLADE

Modérez donc, Seigneur, cette fureur extrême.
Je ne vous connais plus ; vous n'êtes plus vous-même.   710
Souffrez . . .

ORESTE

      Non, tes conseils ne sont plus de saison,
Pylade, je suis las d'écouter la raison.
C'est traîner trop longtemps ma vie et mon supplice :
Il faut que je l'enlève, ou bien que je périsse.
Le dessein en est pris, je le veux achever.
Oui, je le veux.

PYLADE

      Hé bien, il la faut enlever ;
J'y consens.   Mais songez cependant où vous êtes.
Que croira-t-on de vous, à voir ce que vous faites ?
Dissimulez : calmez ce transport inquiet ;
Commandez à vos yeux de garder le secret.   720
Ces gardes, cette cour, l'air qui vous environne,
Tout dépend de Pyrrhus, et surtout d'Hermione.
A ses regards surtout cachez votre courroux.
O Dieux ! en cet état pourquoi la cherchiez-vous ?

ORESTE

Que sais-je ?   De moi-même étais-je alors le maître ?
La fureur m'emportait, et je venais peut-être
Menacer à la fois l'ingrate et son amant.

PYLADE

Et quel était le fruit de cet emportement ?

ORESTE

Et quelle âme, dis-moi, ne serait éperdue
Du coup dont ma raison vient d'être confondue ?   730
Il épouse, dit-il, Hermione demain ;
Il veut, pour m'honorer, la tenir de ma main.
Ah ! plutôt cette main dans le sang du barbare . . .

PYLADE

Vous l'accusez, seigneur, de ce destin bizarre.
Cependant, tourmenté de ses propres desseins,
Il est peut-être à plaindre autant que je vous plains.

ORESTE

Non, non ; je le connais, mon désespoir le flatte ;
Sans moi, sans mon amour, il dédaignait l'ingrate ;
Ses charmes jusque-là n'avaient pu le toucher :
Le cruel ne la prend que pour me l'arracher.   740
Ah Dieux ! c'en était fait : Hermione gagnée
Pour jamais de sa vue allait être éloignée.
Son cœur, entre l'amour et le dépit confus,
Pour se donner à moi n'attendait qu'un refus ;
Ses yeux s'ouvraient, Pylade ; elle écoutait Oreste,
Lui parlait, le plaignait.   Un mot eût fait le reste.

PYLADE

Vous le croyez ?

ORESTE

            Hé quoi ! ce courroux enflammé
Contre un ingrat . . .

PYLADE

            Jamais il ne fut plus aimé.

Pensez-vous, quand Pyrrhus vous l'aurait accordée,
Qu'un prétexte tout prêt ne l'eût pas retardée ?   750
M'en croirez-vous ?   Lassé de ses trompeurs attraits,
Au lieu de l'enlever, fuyez-la pour jamais.
Quoi ? votre amour se veut charger d'une furie
Qui vous détestera, qui toute votre vie
Regrettant un hymen tout prêt à s'achever,
Voudra . . .

ORESTE

C'est pour cela que je veux l'enlever.
Tout lui rirait, Pylade ; et moi, pour mon partage,
Je n'emporterais donc qu'une inutile rage ?
J'irais loin d'elle encor tâcher de l'oublier ?
Non, non, à mes tourments je veux l'associer.   760
C'est trop gémir tout seul.   Je suis las qu'on me plaigne :
Je prétends qu'à mon tour l'inhumaine me craigne,
Et que ses yeux cruels, à pleurer condamnés,
Me rendent tous les noms que je leur ai donnés.

PYLADE

Voilà donc le succès qu'aura votre ambassade :
Oreste ravisseur !

ORESTE

Et qu'importe, Pylade ?
Quand nos États vengés jouiront de mes soins,
L'ingrate de mes pleurs jouira-t-elle moins ?
Et que me servira que la Grèce m'admire,
Tandis que je serai la fable de l'Épire ?   770
Que veux-tu ?   Mais, s'il faut ne te rien déguiser,
Mon innocence enfin commence à me peser.
Je ne sais de tout temps quelle injuste puissance
Laisse le crime en paix et poursuit l'innocence.
De quelque part sur moi que je tourne les yeux,

Je ne vois que malheurs qui condamnent les Dieux.
Méritons leur courroux, justifions leur haine,
Et que le fruit du crime en précède la peine.
Mais toi, par quelle erreur veux-tu toujours sur toi
Détourner un courroux qui ne cherche que moi ?   780
Assez et trop longtemps mon amitié t'accable :
Évite un malheureux, abandonne un coupable.
Cher Pylade, crois-moi, ta pitié te séduit.
Laisse-moi des périls dont j'attends tout le fruit.
Porte aux Grecs cet enfant que Pyrrhus m'abandonne.
Va-t'en.

PYLADE

Allons, Seigneur, enlevons Hermione.
Au travers des périls un grand cœur se fait jour.
Que ne peut l'amitié conduite par l'amour ?
Allons de tous vos Grecs encourager le zèle.
Nos vaisseaux sont tout prêts, et le vent nous appelle.   790
Je sais de ce palais tous les détours obscurs ;
Vous voyez que la mer en vient battre les murs ;
Et cette nuit, sans peine, une secrète voie
Jusqu'en votre vaisseau conduira votre proie.

ORESTE

J'abuse, cher ami, de ton trop d'amitié.
Mais pardonne à des maux dont toi seul as pitié ;
Excuse un malheureux qui perd tout ce qu'il aime,
Que tout le monde hait, et qui se hait lui-même.
Que ne puis-je à mon tour dans un sort plus heureux . . .

PYLADE

Dissimulez, Seigneur : c'est tout ce que je veux.   800
Gardez qu'avant le coup votre dessein n'éclate :
Oubliez jusque-là qu'Hermione est ingrate ;
Oubliez votre amour.   Elle vient, je la voi.

ORESTE

Va-t'en.   Réponds-moi d'elle, et je réponds de moi.

SCÈNE II

Hermione, Oreste, Cléone

ORESTE

Hé bien ! mes soins vous ont rendu votre conquête :
J'ai vu Pyrrhus, Madame, et votre hymen s'apprête.

HERMIONE

On le dit ; et de plus on vient de m'assurer
Que vous ne me cherchiez que pour m'y préparer.

ORESTE

Et votre âme à ses vœux ne sera pas rebelle ?

HERMIONE

Qui l'eût cru, que Pyrrhus ne fût pas infidèle ?   810
Que sa flamme attendrait si tard pour éclater,
Qu'il reviendrait à moi quand je l'allais quitter ?
Je veux croire avec vous qu'il redoute la Grèce,
Qu'il suit son intérêt plutôt que sa tendresse,
Que mes yeux sur votre âme étaient plus absolus.

ORESTE

Non, Madame : il vous aime, et je n'en doute plus.
Vos yeux ne font-ils pas tout ce qu'ils veulent faire ?
Et vous ne vouliez pas sans doute lui déplaire.

HERMIONE

Mais que puis-je, Seigneur ?   On a promis ma foi.
Lui ravirai-je un bien qu'il ne tient pas de moi ?   820

L'amour ne règle pas le sort d'une princesse :
La gloire d'obéir est tout ce qu'on nous laisse.
Cependant je partais ; et vous avez pu voir
Combien je relâchais pour vous de mon devoir.

ORESTE

Ah ! que vous saviez bien, cruelle . . . Mais, Madame,
Chacun peut à son choix disposer de son âme.
La vôtre était à vous.   J'espérais ; mais enfin
Vous l'avez pu donner sans me faire un larcin.
Je vous accuse aussi bien moins que la fortune.
Et pourquoi vous lasser d'une plainte importune ?   830
Tel est votre devoir, je l'avoue ; et le mien
Est de vous épargner un si triste entretien.

SCÈNE III

Hermione, Cléone

HERMIONE

Attendais-tu, Cléone, un courroux si modeste ?

CLÉONE

La douleur qui se tait n'en est que plus funeste.
Je le plains ; d'autant plus qu'auteur de son ennui,
Le coup qui l'a perdu n'est parti que de lui.
Comptez depuis quel temps votre hymen se prépare :
Il a parlé, Madame, et Pyrrhus se déclare.

HERMIONE

Tu crois que Pyrrhus craint ?   Et que craint-il encor ?
Des peuples qui dix ans ont fui devant Hector,   840
Qui cent fois effrayés de l'absence d'Achille,

Dans leurs vaisseaux brûlants ont cherché leur asile,
Et qu'on verrait encor, sans l'appui de son fils,
Redemander Hélène aux Troyens impunis ?
Non, Cléone, il n'est point ennemi de lui-même ;
Il veut tout ce qu'il fait ; et s'il m'épouse, il m'aime.
Mais qu'Oreste à son gré m'impute ses douleurs :
N'avons-nous d'entretien que celui de ses pleurs ?
Pyrrhus revient à nous.   Hé bien ! chère Cléone,
Conçois-tu les transports de l'heureuse Hermione ?   850
Sais-tu quel est Pyrrhus ?   T'es-tu fait raconter
Le nombre des exploits . . . Mais qui les peut compter ?
Intrépide, et partout suivi de la victoire,
Charmant, fidèle enfin, rien ne manque à sa gloire.
Songe . . .

CLÉONE

Dissimulez.   Votre rivale en pleurs
Vient à vos pieds, sans doute, apporter ses douleurs.

HERMIONE

Dieux ! ne puis-je à ma joie abandonner mon âme ?
Sortons : que lui dirais-je ?

SCÈNE IV

Andromaque, Hermione, Cléone, Céphise.

ANDROMAQUE

Où fuyez-vous, Madame ?
N'est-ce pas à vos yeux un spectacle assez doux
Que la veuve d'Hector pleurante à vos genoux ?   860
Je ne viens point ici, par de jalouses larmes,
Vous envier un cœur qui se rend à vos charmes.

Par une main cruelle, hélas ! j'ai vu percer
Le seul où mes regards prétendaient s'adresser.
Ma flamme par Hector fut jadis allumée ;
Avec lui dans la tombe elle s'est enfermée.
Mais il me reste un fils.   Vous saurez quelque jour,
Madame, pour un fils jusqu'où va notre amour ;
Mais vous ne saurez pas, du moins je le souhaite,
En quel trouble mortel son intérêt nous jette,   870
Lorsque de tant de biens qui pouvaient nous flatter,
C'est le seul qui nous reste, et qu'on veut nous l'ôter.
Hélas ! lorsque lassés de dix ans de misère,
Les Troyens en courroux menaçaient votre mère,
J'ai su de mon Hector lui procurer l'appui.
Vous pouvez sur Pyrrhus ce que j'ai pu sur lui.
Que craint-on d'un enfant qui survit à sa perte ?
Laissez-moi le cacher en quelque île déserte.
Sur les soins de sa mère on peut s'en assurer,
Et mon fils avec moi n'apprendra qu'à pleurer.   880

HERMIONE

Je conçois vos douleurs.   Mais un devoir austère,
Quand mon père a parlé, m'ordonne de me taire.
C'est lui qui de Pyrrhus fait agir le courroux.
S'il faut fléchir Pyrrhus, qui le peut mieux que vous ?
Vos yeux assez longtemps ont régné sur son âme.
Faites-le prononcer : j'y souscrirai, Madame.

SCÈNE V

Andromaque, Céphise

ANDROMAQUE

Quel mépris la cruelle attache à ses refus !

CÉPHISE

Je croirais ses conseils, et je verrais Pyrrhus.
Un regard confondrait Hermione et la Grèce . . .
Mais lui-même il vous cherche.

SCÈNE VI

Pyrrhus, Andromaque, Phœnix, Céphise

PYRRHUS, *à Phœnix.*

                Où donc est la princesse ?   890
Ne m'avais-tu pas dit qu'elle était en ces lieux ?

PHŒNIX

Je le croyais.

ANDROMAQUE, *à Céphise.*
    Tu vois le pouvoir de mes yeux.

PYRRHUS

Que dit-elle, Phœnix ?

ANDROMAQUE
    Hélas ! tout m'abandonne.

PHŒNIX

Allons, Seigneur, marchons sur les pas d'Hermione.

CÉPHISE

Qu'attendez-vous ?   Rompez ce silence obstiné

ANDROMAQUE

Il a promis mon fils.

CÉPHISE

Il ne l'a pas donné.

ANDROMAQUE

Non, non, j'ai beau pleurer, sa mort est résolue.

PYRRHUS

Daigne-t-elle sur nous tourner au moins la vue ?
Quel orgueil !

ANDROMAQUE

Je ne fais que l'irriter encor.
Sortons.

PYRRHUS

Allons aux Grecs livrer le fils d'Hector.   900

ANDROMAQUE, *se jetant aux pieds de Pyrrhus*

Ah ! Seigneur, arrêtez !   Que prétendez-vous faire ?
Si vous livrez le fils, livrez-leur donc la mère !
Vos serments m'ont tantôt juré tant d'amitié !
Dieux ! ne pourrai-je au moins toucher votre pitié ?
Sans espoir de pardon m'avez-vous condamnée ?

PYRRHUS

Phœnix vous le dira, ma parole est donnée.

ANDROMAQUE

Vous qui braviez pour moi tant de périls divers !

PYRRHUS

J'étais aveugle alors ; mes yeux se sont ouverts.
Sa grâce à vos désirs pouvait être accordée ;
Mais vous ne l'avez pas seulement demandée.   910
C'en est fait.

ANDROMAQUE

Ah ! Seigneur, arrêtez !
(Act III, Scene VI)

ANDROMAQUE

Ah ! Seigneur, vous entendiez assez
Des soupirs qui craignaient de se voir repoussés.
Pardonnez à l'éclat d'une illustre fortune
Ce reste de fierté qui craint d'être importune.
Vous ne l'ignorez pas : Andromaque sans vous,
N'aurait jamais d'un maître embrassé les genoux.

PYRRHUS

Non, vous me haïssez ; et dans le fond de l'âme
Vous craignez de devoir quelque chose à ma flamme.
Ce fils même, ce fils, l'objet de tant de soins,
Si je l'avais sauvé, vous l'en aimeriez moins.   920
La haine, le mépris, contre moi tout s'assemble ;
Vous me haïssez plus que tous les Grecs ensemble.
Jouissez à loisir d'un si noble courroux.
Allons, Phœnix.

ANDROMAQUE

Allons rejoindre mon époux.

CÉPHISE

Madame . . .

ANDROMAQUE, *à Céphise*

Et que veux-tu que je lui dise encore ?
Auteur de tous mes maux, crois-tu qu'il les ignore ?
    A Pyrrhus
Seigneur, voyez l'état où vous me réduisez.
J'ai vu mon père mort, et nos murs embrasés ;
J'ai vu trancher les jours de ma famille entière,
Et mon époux sanglant traîné sur la poussière,   930
Son fils seul avec moi, réservé pour les fers.
Mais que ne peut un fils ? Je respire, je sers.
J'ai fait plus ; je me suis quelquefois consolée

Qu'ici, plutôt qu'ailleurs, le sort m'eût exilée ;
Qu'heureux dans son malheur, le fils de tant de rois,
Puisqu'il devait servir, fût tombé sous vos lois.
J'ai cru que sa prison deviendrait son asile.
Jadis Priam soumis fut respecté d'Achille :
J'attendais de son fils encor plus de bonté.
Pardonne, cher Hector, à ma crédulité !   940
Je n'ai pu soupçonner ton ennemi d'un crime ;
Malgré lui-même enfin je l'ai cru magnanime.
Ah ! s'il l'était assez pour nous laisser du moins
Au tombeau qu'à ta cendre ont élevé mes soins,
Et que finissant là sa haine et nos misères,
Il ne séparât point des dépouilles si chères !

PYRRHUS

Va m'attendre, Phœnix.

SCÈNE VII

Pyrrhus, Andromaque, Céphise

PYRRHUS *continue*
                    Madame, demeurez.
On peut vous rendre encor ce fils que vous pleurez.
Oui, je sens à regret qu'en excitant vos larmes
Je ne fais contre moi que vous donner des armes.   950
Je croyais apporter plus de haine en ces lieux.
Mais, Madame, du moins tournez vers moi les yeux :
Voyez si mes regards sont d'un juge sévère,
S'ils sont d'un ennemi qui cherche à vous déplaire.
Pourquoi me forcez-vous vous-même à vous trahir ?
Au nom de votre fils, cessons de nous haïr.
A le sauver enfin c'est moi qui vous convie.

7

Faut-il que mes soupirs vous demandent sa vie ?
Faut-il qu'en sa faveur j'embrasse vos genoux ?
Pour la dernière fois, sauvez-le, sauvez-vous.   960
Je sais de quels serments je romps pour vous les chaînes,
Combien je vais sur moi faire éclater de haines.
Je renvoie Hermione, et je mets sur son front,
Au lieu de ma couronne, un éternel affront.
Je vous conduis au temple où son hymen s'apprête ;
Je vous ceins du bandeau préparé pour sa tête.
Mais ce n'est plus, Madame, une offre à dédaigner :
Je vous le dis, il faut ou périr ou régner.
Mon cœur, désespéré d'un an d'ingratitude,
Ne peut plus de son sort souffrir l'incertitude.   970
C'est craindre, menacer, et gémir trop longtemps.
Je meurs si je vous perds, mais je meurs si j'attends.
Songez-y : je vous laisse ; et je viendrai vous prendre
Pour vous mener au temple, où ce fils doit m'attendre ;
Et là vous me verrez, soumis ou furieux,
Vous couronner, Madame, ou le perdre à vos yeux.

SCÈNE VIII

Andromaque, Céphise

CÉPHISE

Je vous l'avais prédit, qu'en dépit de la Grèce,
De votre sort encor vous seriez la maîtresse.

ANDROMAQUE

Hélas ! de quel effet tes discours sont suivis !
Il ne me restait plus qu'à condamner mon fils.   980

CÉPHISE

Madame, à votre époux c'est être assez fidèle :

Trop de vertu pourrait vous rendre criminelle.
Lui-même il porterait votre âme à la douceur.

CÉPHISE

ANDROMAQUE

Quoi ? je lui donnerais Pyrrhus pour successeur ?

CÉPHISE

Ainsi le veut son fils, que les Grecs vous ravissent.
Pensez-vous qu'après tout ses mânes en rougissent ;
Qu'il méprisât, Madame, un roi victorieux
Qui vous fait remonter au rang de vos aïeux,
Qui foule aux pieds pour vous vos vainqueurs en colère,
Qui ne se souvient plus qu'Achille était son père,   990
Qui dément ses exploits et les rend superflus ?

ANDROMAQUE

Dois-je les oublier, s'il ne s'en souvient plus ?
Dois-je oublier Hector privé de funérailles,
Et traîné sans honneur autour de nos murailles ?
Dois-je oublier son père à mes pieds renversé,
Ensanglantant l'autel qu'il tenait embrassé ?
Songe, songe, Céphise, à cette nuit cruelle
Qui fut pour tout un peuple une nuit éternelle.
Figure-toi Pyrrhus, les yeux étincelants,
Entrant à la lueur de nos palais brûlants,   1000
Sur tous mes frères morts se faisant un passage,
Et de sang tout couvert échauffant le carnage.
Songe aux cris des vainqueurs, songe aux cris des mourants,
Dans la flamme étouffés, sous le fer expirants ;
Peins-toi dans ces horreurs Andromaque éperdue :
Voilà comme Pyrrhus vint s'offrir à ma vue ;
Voilà par quels exploits il sut se couronner ;
Enfin voilà l'époux que tu me veux donner.
Non, je ne serai point complice de ses crimes ;
Qu'il nous prenne, s'il veut, pour dernières victimes.   1010
Tous mes ressentiments lui seraient asservis.

CÉPHISE

Hé bien ! allons donc voir expirer votre fils :
On n'attend plus que vous.   Vous frémissez, Madame !

ANDROMAQUE

Ah ! de quel souvenir viens-tu frapper mon âme !
Quoi ? Céphise, j'irai voir expirer encor
Ce fils, ma seule joie, et l'image d'Hector ;
Ce fils, que de sa flamme il me laissa pour gage !
Hélas ! je m'en souviens, le jour que son courage
Lui fit chercher Achille, ou plutôt le trépas,
Il demanda son fils, et le prit dans ses bras :   1020
' Chère épouse, dit-il en essuyant mes larmes,
J'ignore quel succès le sort garde à mes armes ;
Je te laisse mon fils pour gage de ma foi :
S'il me perd, je prétends qu'il me retrouve en toi.
Si d'un heureux hymen la mémoire t'est chère,
Montre au fils à quel point tu chérissais le père.'
Et je puis voir répandre un sang si précieux ?
Et je laisse avec lui périr tous ses aïeux ?
Roi barbare, faut-il que mon crime l'entraîne ?
Si je te hais, est-il coupable de ma haine ?   1030
T'a-t-il de tous les siens reproché le trépas ?
S'est-il plaint à tes yeux des maux qu'il ne sent pas ?
Mais cependant, mon fils, tu meurs, si je n'arrête
Le fer que le cruel tient levé sur ta tête.
Je l'en puis détourner, et je t'y vais offrir ? . . .
Non, tu ne mourras point : je ne le puis souffrir.
Allons trouver Pyrrhus.   Mais non, chère Céphise,
Va le trouver pour moi.

CÉPHISE

Que faut-il que je dise ?

ANDROMAQUE

Dis-lui que de mon fils l'amour est assez fort . . .

Crois-tu que dans son cœur il ait juré sa mort ?   1040
L'amour peut-il si loin pousser sa barbarie ?

CÉPHISE

Madame, il va bientôt revenir en furie.

ANDROMAQUE

Hé bien ! va l'assurer . . .

CÉPHISE

De quoi ? de votre foi ?

ANDROMAQUE

Hélas ! pour la promettre est-elle encore à moi ?
O cendres d'un époux ! ô Troyens ! ô mon père !
O mon fils, que tes jours coûtent cher à ta mère !
Allons.

CÉPHISE

Où donc, Madame ? et que résolvez-vous ?

ANDROMAQUE

Allons sur son tombeau consulter mon époux.

ACTE IV

SCÈNE PREMIÈRE

Andromaque, Céphise

CÉPHISE

Ah ! je n'en doute point : c'est votre époux, Madame,
C'est Hector qui produit ce miracle en votre âme.　　　1050
Il veut que Troie encor se puisse relever
Avec cet heureux fils qu'il vous fait conserver.
Pyrrhus vous l'a promis.　Vous venez de l'entendre,
Madame : il n'attendait qu'un mot pour vous le rendre.
Croyez-en ses transports : père, sceptre, alliés,
Content de votre cœur, il met tout à vos pieds.
Sur lui, sur tout son peuple il vous rend souveraine.
Est-ce là ce vainqueur digne de tant de haine ?
Déjà contre les Grecs plein d'un noble courroux,
Le soin de votre fils le touche autant que vous :　　　1060
Il prévient leur fureur, il lui laisse sa garde ;
Pour ne pas l'exposer, lui-même il se hasarde.
Mais tout s'apprête au temple, et vous avez promis . . .

ANDROMAQUE

Oui, je m'y trouverai.　Mais allons voir mon fils.

CÉPHISE

Madame, qui vous presse ?　Il suffit que sa vue
Désormais à vos yeux ne soit plus défendue.
Vous lui pourrez bientôt prodiguer vos bontés,
Et vos embrassements ne seront plus comptés.
Quel plaisir d'élever un enfant qu'on voit croître,

52

Non plus comme un esclave élevé pour son maître,   1070
Mais pour voir avec lui renaître tant de rois !

ANDROMAQUE

Céphise, allons le voir pour la dernière fois.

CÉPHISE

Que dites-vous ?   O Dieux !

ANDROMAQUE

              O ma chère Céphise !
Ce n'est point avec toi que mon cœur se déguise.
Ta foi, dans mon malheur, s'est montrée à mes yeux ;
Mais j'ai cru qu'à mon tour tu me connaissais mieux.
Quoi donc ? as-tu pensé qu'Andromaque infidèle
Pût trahir un époux qui croit revivre en elle ;
Et que de tant de morts réveillant la douleur,
Le soin de mon repos me fît troubler le leur ?   1080
Est-ce là cette ardeur tant promise à sa cendre?
Mais son fils périssait ; il l'a fallu défendre.
Pyrrhus en m'épousant s'en déclare l'appui ;
Il suffit : je veux bien m'en reposer sur lui.
Je sais quel est Pyrrhus.   Violent, mais sincère,
Céphise, il fera plus qu'il n'a promis de faire.
Sur le courroux des Grecs je m'en repose encor :
Leur haine va donner un père au fils d'Hector.
Je vais donc, puisqu'il faut que je me sacrifie,
Assurer à Pyrrhus le reste de ma vie ;   1090
Je vais, en recevant sa foi sur les autels,
L'engager à mon fils par des nœuds immortels.
Mais aussitôt ma main, à moi seule funeste,
D'une infidèle vie abrégera le reste,
Et sauvant ma vertu, rendra ce que je doi
A Pyrrhus, à mon fils, à mon époux, à moi.
Voilà de mon amour l'innocent stratagème ;

Voilà ce qu'un époux m'a commandé lui-même.
J'irai seule rejoindre Hector et mes aïeux.
Céphise, c'est à toi de me fermer les yeux.   1100

CÉPHISE

Ah ! ne prétendez pas que je puisse survivre . . .

ANDROMAQUE

Non, non, je te défends, Céphise, de me suivre.
Je confie à tes soins mon unique trésor :
Si tu vivais pour moi, vis pour le fils d'Hector.
De l'espoir des Troyens seule dépositaire,
Songe à combien de rois tu deviens nécessaire.
Veille auprès de Pyrrhus ; fais-lui garder sa foi :
S'il le faut, je consens qu'on lui parle de moi.
Fais-lui valoir l'hymen où je me suis rangée ;
Dis-lui qu'avant ma mort je lui fus engagée,   1110
Que ses ressentiments doivent être effacés,
Qu'en lui laissant mon fils c'est l'estimer assez.
Fais connaître à mon fils les héros de sa race ;
Autant que tu pourras, conduis-le sur leur trace.
Dis-lui par quels exploits leurs noms ont éclaté,
Plutôt ce qu'ils ont fait que ce qu'ils ont été ;
Parle-lui tous les jours des vertus de son père ;
Et quelquefois aussi parle-lui de sa mère.
Mais qu'il ne songe plus, Céphise, à nous venger :
Nous lui laissons un maître, il le doit ménager.   1120
Qu'il ait de ses aïeux un souvenir modeste :
Il est du sang d'Hector, mais il en est le reste ;
Et pour ce reste enfin j'ai moi-même en un jour
Sacrifié mon sang, ma haine et mon amour.

CÉPHISE

Hélas !

ANDROMAQUE

Ne me suis point, si ton cœur en alarmes
Prévoit qu'il ne pourra commander à tes larmes.
On vient.   Cache tes pleurs, Céphise ; et souviens-toi
Que le sort d'Andromaque est commis à ta foi.
C'est Hermione.   Allons, fuyons sa violence.

SCÈNE II

Hermione, Cléone

CLÉONE

Non, je ne puis assez admirer ce silence.   1130
Vous vous taisez, Madame ; et ce cruel mépris
N'a pas du moindre trouble agité vos esprits ?
Vous soutenez en paix une si rude attaque,
Vous qu'on voyait frémir au seul nom d'Andromaque ?
Vous qui sans désespoir ne pouviez endurer
Que Pyrrhus d'un regard la voulût honorer !
Il l'épouse : il lui donne, avec son diadème,
La foi que vous venez de recevoir vous-même,
Et votre bouche encor muette à tant d'ennui
N'a pas daigné s'ouvrir pour se plaindre de lui !   1140
Ah ! que je crains, Madame, un calme si funeste !
Et qu'il vaudrait bien mieux . . .

HERMIONE
                            Fais-tu venir Oreste ?

CLÉONE

Il vient, Madame, il vient ; et vous pouvez juger
Que bientôt à vos pieds il allait se ranger.
Prêt à servir toujours sans espoir de salaire,
Vos yeux ne sont que trop assurés de lui plaire.
Mais il entre.

SCÈNE III

Oreste, Hermione, Cléone

ORESTE

    Ah, Madame ! est-il vrai qu'une fois
Oreste en vous cherchant obéisse à vos lois ?
Ne m'a-t-on point flatté d'une fausse espérance ?
Avez-vous en effet souhaité ma présence ?   1150
Croirai-je que vos yeux, à la fin désarmés,
Veulent . . .

HERMIONE

  Je veux savoir, Seigneur, si vous m'aimez.

ORESTE

Si je vous aime ? O Dieux ! mes serments, mes parjures,
Ma fuite, mon retour, mes respects, mes injures,
Mon désespoir, mes yeux de pleurs toujours noyés,
Quels témoins croirez-vous, si vous ne les croyez ?

HERMIONE

Vengez-moi, je crois tout.

ORESTE

    Hé bien ! allons, Madame :
Mettons encore un coup toute la Grèce en flamme ;
Prenons, en signalant mon bras et votre nom,
Vous, la place d'Hélène, et moi, d'Agamemnon.   1160
De Troie en ce pays réveillons les misères,
Et qu'on parle de nous, ainsi que de nos pères.
Partons, je suis tout prêt.

HERMIONE

    Non, Seigneur, demeurons :

Je ne veux pas si loin porter de tels affronts.
Quoi ? de mes ennemis couronnant l'insolence,
J'irais attendre ailleurs une lente vengeance ?
Et je m'en remettrais au destin des combats,
Qui peut-être à la fin ne me vengerait pas !
Je veux qu'à mon départ toute l'Épire pleure.
Mais si vous me vengez, vengez-moi dans une heure.   1170
Tous vos retardements sont pour moi des refus.
Courez au temple.   Il faut immoler . . .

ORESTE

                              Qui ?

HERMIONE

                                   Pyrrhus.

ORESTE

Pyrrhus, Madame ?

HERMIONE

                    Hé quoi ? votre haine chancelle ?
Ah ! courez, et craignez que je ne vous rappelle.
N'alléguez point des droits que je veux oublier ;
Et ce n'est pas à vous à le justifier.

ORESTE

Moi, je l'excuserais ?   Ah ! vos bontés, Madame,
Ont gravé trop avant ses crimes dans mon âme.
Vengeons-nous, j'y consens, mais par d'autres chemins,
Soyons ses ennemis, et non ses assassins ;   1180
Faisons de sa ruine une juste conquête.
Quoi ? pour réponse aux Grecs porterai-je sa tête ?
Et n'ai-je pris sur moi le soin de tout l'État
Que pour m'en acquitter par un assassinat ?
Souffrez, au nom des Dieux, que la Grèce s'explique,

Et qu'il meure chargé de la haine publique.
Souvenez-vous qu'il règne, et qu'un front couronné . . .

HERMIONE

Ne vous suffit-il pas que je l'ai condamné ?
Ne vous suffit-il pas que ma gloire offensée
Demande une victime à moi seule adressée ;   1190
Qu'Hermione est le prix d'un tyran opprimé ;
Que je le hais ; enfin, Seigneur, que je l'aimai ?
Je ne m'en cache point : l'ingrat m'avait su plaire,
Soit qu'ainsi l'ordonnât mon amour ou mon père,
N'importe ; mais enfin réglez-vous là-dessus.
Malgré mes vœux, Seigneur, honteusement déçus,
Malgré la juste horreur que son crime me donne,
Tant qu'il vivra craignez que je ne lui pardonne.
Doutez jusqu'à sa mort d'un courroux incertain :
S'il ne meurt aujourd'hui, je puis l'aimer demain.   1200

ORESTE

Hé bien ! il faut le perdre, et prévenir sa grâce ;
Il faut . . . Mais cependant que faut-il que je fasse ?
Comment puis-je sitôt servir votre courroux ?
Quel chemin jusqu'à lui peut conduire mes coups ?
A peine suis-je encore arrivé dans l'Épire,
Vous voulez par mes mains renverser un empire ;
Vous voulez qu'un roi meure ; et pour son châtiment
Vous ne donnez qu'un jour, qu'une heure, qu'un moment.
Aux yeux de tout son peuple il faut que je l'opprime !
Laissez-moi vers l'autel conduire ma victime,   1210
Je ne m'en défends plus ; et je ne veux qu'aller
Reconnaître la place où je dois l'immoler :
Cette nuit je vous sers, cette nuit je l'attaque.

HERMIONE

Mais cependant, ce jour il épouse Andromaque.

Dans le temple déjà le trône est élevé ;
Ma honte est confirmée, et son crime achevé.
Enfin qu'attendez-vous ?   Il vous offre sa tête :
Sans gardes, sans défense, il marche à cette fête ;
Autour du fils d'Hector il les fait tous ranger ;
Il s'abandonne au bras qui me voudra venger.   1220
Voulez-vous, malgré lui, prendre soin de sa vie ?
Armez, avec vos Grecs, tous ceux qui m'ont suivie ;
Soulevez vos amis ; tous les miens sont à vous.
Il me trahit, vous trompe, et nous méprise tous.
Mais quoi ? déjà leur haine est égale à la mienne :
Elle épargne à regret l'époux d'une Troyenne.
Parlez : mon ennemi ne vous peut échapper,
Ou plutôt il ne faut que les laisser frapper.
Conduisez ou suivez une fureur si belle ;
Revenez tout couvert du sang de l'infidèle ;   1230
Allez : en cet état soyez sûr de mon cœur.

ORESTE

Mais, Madame, songez . . .

HERMIONE

                    Ah ! c'en est trop, Seigneur.
Tant de raisonnements offensent ma colère.
J'ai voulu vous donner les moyens de me plaire,
Rendre Oreste content ; mais enfin je vois bien
Qu'il veut toujours se plaindre, et ne mériter rien.
Partez : allez ailleurs vanter votre constance,
Et me laissez ici le soin de ma vengeance.
De mes lâches bontés mon courage est confus,
Et c'est trop en un jour essuyer de refus.   1240
Je m'en vais seule au temple, où leur hymen s'apprête,
Où vous n'osez aller mériter ma conquête.
Là, de mon ennemi je saurai m'approcher :
Je percerai le cœur que je n'ai pu toucher ;

Et mes sanglantes mains, sur moi-même tournées,
Aussitôt, malgré lui, joindront nos destinées ;
Et tout ingrat qu'il est, il me sera plus doux
De mourir avec lui que de vivre avec vous.

ORESTE

Non, je vous priverai de ce plaisir funeste,
Madame ; il ne mourra que de la main d'Oreste.　1250
Vos ennemis par moi vont vous être immolés,
Et vous reconnaîtrez mes soins, si vous voulez.

HERMIONE

Allez.　De votre sort laissez-moi la conduite,
Et que tous vos vaisseaux soient prêts pour notre fuite.

SCÈNE IV

Hermione, Cléone

CLÉONE

Vous vous perdez, Madame, et vous devez songer . . .

HERMIONE

Que je me perde ou non, je songe à me venger.
Je ne sais même encor, quoi qu'il m'ait pu promettre,
Sur d'autres que sur moi si je dois m'en remettre.
Pyrrhus n'est pas coupable à ses yeux comme aux miens,
Et je tiendrais mes coups bien plus sûrs que les siens.　1260
Quel plaisir de venger moi-même mon injure,
De retirer mon bras teint du sang du parjure,
Et pour rendre sa peine et mes plaisirs plus grands,
De cacher ma rivale à ses regards mourants !
Ah ! si du moins Oreste, en punissant son crime,

Lui laissait le regret de mourir ma victime !
Va le trouver : dis-lui qu'il apprenne à l'ingrat
Qu'on l'immole à ma haine, et non pas à l'État.
Chère Cléone, cours.   Ma vengeance est perdue
S'il ignore en mourant que c'est moi qui le tue.   1270

CLÉONE

Je vous obéirai.   Mais qu'est-ce que je vois ?
O Dieux ! qui l'aurait cru, Madame ?   C'est le Roi !

HERMIONE

Ah ! cours après Oreste ; et dis-lui, ma Cléone,
Qu'il n'entreprenne rien sans revoir Hermione !

SCÈNE V

Pyrrhus, Hermione, Phœnix

PYRRHUS

Vous ne m'attendiez pas, Madame ; et je vois bien
Que mon abord ici trouble votre entretien.
Je ne viens point, armé d'un indigne artifice,
D'un voile d'équité couvrir mon injustice :
Il suffit que mon cœur me condamne tout bas ;
Et je soutiendrais mal ce que je ne crois pas.   1280
J'épouse une Troyenne.   Oui, Madame, et j'avoue
Que je vous ai promis la foi que je lui voue.
Un autre vous dirait que dans les champs troyens
Nos deux pères sans nous formèrent ces liens,
Et que sans consulter ni mon choix ni le vôtre,
Nous fûmes sans amour engagés l'un à l'autre ;
Mais c'est assez pour moi que je me sois soumis.
Par mes ambassadeurs mon cœur vous fut promis ;

Loin de les révoquer, je voulus y souscrire.
Je vous vis avec eux arriver en Épire ;   1290
Et quoique d'un autre œil l'éclat victorieux
Eût déjà prévenu le pouvoir de vos yeux,
Je ne m'arrêtai point à cette ardeur nouvelle :
Je voulus m'obstiner à vous être fidèle,
Je vous reçus en reine ; et jusques à ce jour
J'ai cru que mes serments me tiendraient lieu d'amour.
Mais cet amour l'emporte, et par un coup funeste
Andromaque m'arrache un cœur qu'elle déteste.
L'un par l'autre entraînés, nous courons à l'autel
Nous jurer, malgré nous, un amour immortel.   1300
Après cela, Madame, éclatez contre un traître,
Qui l'est avec douleur, et qui pourtant veut l'être.
Pour moi, loin de contraindre un si juste courroux,
Il me soulagera peut-être autant que vous.
Donnez-moi tous les noms destinés aux parjures :
Je crains votre silence, et non pas vos injures ;
Et mon cœur, soulevant mille secrets témoins,
M'en dira d'autant plus que vous m'en direz moins.

HERMIONE

Seigneur, dans cet aveu dépouillé d'artifice,
J'aime à voir que du moins vous vous rendiez justice,   1310
Et que voulant bien rompre un nœud si solennel,
Vous vous abandonniez au crime en criminel.
Est-il juste, après tout, qu'un conquérant s'abaisse
Sous la servile loi de garder sa promesse ?
Non, non, la perfidie a de quoi vous tenter ;
Et vous ne me cherchez que pour vous en vanter.
Quoi ? sans que ni serment ni devoir vous retienne,
Rechercher une Grecque, amant d'une Troyenne ?
Me quitter, me reprendre, et retourner encor
De la fille d'Hélène à la veuve d'Hector ?   1320
Couronner tour à tour l'esclave et la princesse

Immoler Troie aux Grecs, au fils d'Hector la Grèce ?
Tout cela part d'un cœur toujours maître de soi,
D'un héros qui n'est point esclave de sa foi.
Pour plaire à votre épouse, il vous faudrait peut-être
Prodiguer les doux noms de parjure et de traître.
Vous veniez de mon front observer la pâleur,
Pour aller dans ses bras rire de ma douleur.
Pleurante après son char vous voulez qu'on me voie ;
Mais, Seigneur, en un jour ce serait trop de joie ;   1330
Et sans chercher ailleurs des titres empruntés,
Ne vous suffit-il pas de ceux que vous portez ?
Du vieux père d'Hector la valeur abattue
Aux pieds de sa famille expirante à sa vue,
Tandis que dans son sein votre bras enfoncé
Cherche un reste de sang que l'âge avait glacé ;
Dans des ruisseaux de sang Troie ardente plongée ;
De votre propre main Polyxène égorgée
Aux yeux de tous les Grecs indignés contre vous :
Que peut-on refuser à ces généreux coups ?   1340

PYRRHUS

Madame, je sais trop à quels excès de rage
La vengeance d'Hélène emporta mon courage :
Je puis me plaindre à vous du sang que j'ai versé ;
Mais enfin je consens d'oublier le passé.
Je rends grâces au ciel que votre indifférence
De mes heureux soupirs m'apprenne l'innocence.
Mon cœur, je le vois bien, trop prompt à se gêner,
Devait mieux vous connaître et mieux s'examiner.
Mes remords vous faisaient une injure mortelle ;
Il faut se croire aimé pour se croire infidèle.   1350
Vous ne prétendiez point m'arrêter dans vos fers :
J'ai craint de vous trahir, peut-être je vous sers.
Nos cœurs n'étaient point faits dépendants l'un de l'autre ;
8

Je suivais mon devoir, et vous cédiez au vôtre.
Rien ne vous engageait à m'aimer en effet.

HERMIONE

Je ne t'ai point aimé, cruel ?   Qu'ai-je donc fait ?
J'ai dédaigné pour toi les vœux de tous nos princes ;
Je t'ai cherché moi-même au fond de tes provinces ;
J'y suis encor, malgré tes infidélités,
Et malgré tous mes Grecs honteux de mes bontés.   1360
Je leur ai commandé de cacher mon injure ;
J'attendais en secret le retour d'un parjure ;
J'ai cru que tôt ou tard, à ton devoir rendu,
Tu me rapporterais un cœur qui m'était dû.
Je t'aimais inconstant, qu'aurais-je fait fidèle ?
Et même en ce moment où ta bouche cruelle
Vient si tranquillement m'annoncer le trépas,
Ingrat, je doute encor si je ne t'aime pas.
Mais, Seigneur, s'il le faut, si le ciel en colère
Réserve à d'autres yeux la gloire de vous plaire,   1370
Achevez votre hymen, j'y consens.   Mais du moins
Ne forcez pas mes yeux d'en être les témoins.
Pour la dernière fois je vous parle peut-être :
Différez-le d'un jour, demain vous serez maître . . .
Vous ne répondez point ?   Perfide, je le voi,
Tu comptes les moments que tu perds avec moi !
Ton cœur, impatient de revoir ta Troyenne,
Ne souffre qu'à regret qu'un autre t'entretienne.
Tu lui parles du cœur, tu la cherches des yeux.
Je ne te retiens plus, sauve-toi de ces lieux :   1380
Va lui jurer la foi que tu m'avais jurée,
Va profaner des Dieux la majesté sacrée.
Ces Dieux, ces justes Dieux n'auront pas oublié
Que les mêmes serments avec moi t'ont lié.
Porte aux pieds des autels ce cœur qui m'abandonne ;
Va, cours.   Mais crains encor d'y trouver Hermione !

SCÈNE VI

Pyrrhus, Phœnix

PHŒNIX

Seigneur, vous entendez.   Gardez de négliger
Une amante en fureur qui cherche à se venger.
Elle n'est en ces lieux que trop bien appuyée ;
La querelle des Grecs à la sienne est liée ;   1390
Oreste l'aime encore ; et peut-être à ce prix . . .

PYRRHUS

Andromaque m'attend.   Phœnix, garde son fils !

ACTE V

SCÈNE PREMIÈRE

Hermione

Où suis-je ? Qu'ai-je fait ? Que dois-je faire encore ?
Quel transport me saisit ? Quel chagrin me dévore ?
Errante, et sans dessein, je cours dans ce palais.
Ah ! ne puis-je savoir si j'aime ou si je hais ?
Le cruel ! de quel œil il m'a congédiée !
Sans pitié, sans douleur, au moins étudiée !
L'ai-je vu se troubler et me plaindre un moment ?
En ai-je pu tirer un seul gémissement ?   1400
Muet à mes soupirs, tranquille à mes alarmes,
Semblait-il seulement qu'il eût part à mes larmes ?
Et je le plains encore ? Et pour comble d'ennui,
Mon cœur, mon lâche cœur s'intéresse pour lui ?
Je tremble au seul penser du coup qui le menace ?
Et prête à me venger, je lui fais déjà grâce ?
Non, ne révoquons point l'arrêt de mon courroux :
Qu'il périsse ! aussi bien il ne vit plus pour nous.
Le perfide triomphe, et se rit de ma rage :
Il pense voir en pleurs dissiper cet orage ;   1410
Il croit que toujours faible et d'un cœur incertain,
Je parerai d'un bras les coups de l'autre main.
Il juge encor de moi par mes bontés passées.
Mais plutôt le perfide a bien d'autres pensées.
Triomphant dans le temple, il ne s'informe pas
Si l'on souhaite ailleurs sa vie ou son trépas.
Il me laisse, l'ingrat ! cet embarras funeste.
Non, non, encore un coup : laissons agir Oreste.
Qu'il meure, puisqu'enfin il a dû le prévoir,

66

Et puisqu'il m'a forcée enfin à le vouloir . . .   1420
A le vouloir ?   Hé quoi ? c'est donc moi qui l'ordonne ?
Sa mort sera l'effet de l'amour d'Hermione ?
Ce prince, dont mon cœur se faisait autrefois
Avec tant de plaisir redire les exploits,
A qui même en secret je m'étais destinée
Avant qu'on eût conclu ce fatal hyménée,
Je n'ai donc traversé tant de mers, tant d'États,
Que pour venir si loin préparer son trépas ?
L'assassiner, le perdre ?   Ah ! devant qu'il expire . . .

SCÈNE II

Hermione, Cléone

HERMIONE

Ah ! qu'ai-je fait, Cléone ! et que viens-tu me dire ?   1430
Que fait Pyrrhus ?

CLÉONE

Il est au comble de ses vœux,
Le plus fier des mortels, et le plus amoureux.
Je l'ai vu vers le temple, où son hymen s'apprête,
Mener en conquérant sa nouvelle conquête ;
Et d'un œil où brillait sa joie et son espoir,
S'enivrer en marchant du plaisir de la voir.
Andromaque, au travers de mille cris de joie,
Porte jusqu'aux autels le souvenir de Troie :
Incapable toujours d'aimer et de haïr,
Sans joie et sans murmure elle semble obéir.   1440

HERMIONE

Et l'ingrat ? jusqu'au bout il a poussé l'outrage ?
Mais as-tu bien, Cléone, observé son visage ?

Goûte-t-il des plaisirs tranquilles et parfaits ?
N'a-t-il point détourné ses yeux vers le palais ?
Dis-moi, ne t'es-tu point présentée à sa vue ?
L'ingrat a-t-il rougi lorsqu'il t'a reconnue ?
Son trouble avouait-il son infidélité ?
A-t-il jusqu'à la fin soutenu sa fierté ?

CLÉONE

Madame, il ne voit rien.   Son salut et sa gloire
Semblent être avec vous sortis de sa mémoire.   1450
Sans songer qui le suit, ennemis ou sujets,
Il poursuit seulement ses amoureux projets.
Autour du fils d'Hector il a rangé sa garde,
Et croit que c'est lui seul que le péril regarde.
Phœnix même en répond, qui l'a conduit exprès
Dans un fort éloigné du temple et du palais.
Voilà, dans ses transports, le seul soin qui lui reste.

HERMIONE

Le perfide ! Il mourra.   Mais que t'a dit Oreste ?

CLÉONE

Oreste avec ses Grecs dans le temple est entré.

HERMIONE

Hé bien ! à me venger n'est-il pas préparé ?   1460

CLÉONE

Je ne sais.

HERMIONE

                Tu ne sais ?   Quoi donc ?   Oreste encore,
Oreste me trahit ?

CLÉONE

Oreste vous adore.

Mais de mille remords son esprit combattu
Croit tantôt son amour et tantôt sa vertu.
Il respecte en Pyrrhus l'honneur du diadème ;
Il respecte en Pyrrhus Achille, et Pyrrhus même ;
Il craint la Grèce, il craint l'univers en courroux ;
Mais il se craint, dit-il, soi-même plus que tous.
Il voudrait en vainqueur vous apporter sa tête :
Le seul nom d'assassin l'épouvante et l'arrête.   1470
Enfin il est entré, sans savoir dans son cœur
S'il en devait sortir coupable ou spectateur.

HERMIONE

Non, non, il les verra triompher sans obstacle :
Il se gardera bien de troubler ce spectacle.
Je sais de quels remords son courage est atteint :
Le lâche craint la mort, et c'est tout ce qu'il craint.
Quoi ! sans qu'elle employât une seule prière,
Ma mère en sa faveur arma la Grèce entière ?
Ses yeux pour leur querelle, en dix ans de combats,
Virent périr vingt rois qu'ils ne connaissaient pas ;   1480
Et moi, je ne prétends que la mort d'un parjure,
Et je charge un amant du soin de mon injure ;
Il peut me conquérir à ce prix sans danger ;
Je me livre moi-même, et ne puis me venger ?
Allons : c'est à moi seule à me rendre justice.
Que de cris de douleur le temple retentisse ;
De leur hymen fatal troublons l'événement,
Et qu'ils ne soient unis, s'il se peut, qu'un moment.
Je ne choisirai point dans ce désordre extrême :
Tout me sera Pyrrhus, fût-ce Oreste lui-même.   1490
Je mourrai ; mais au moins ma mort me vengera.
Je ne mourrai pas seule, et quelqu'un me suivra.

SCÈNE III

Oreste, Hermione, Cléone

ORESTE

Madame, c'en est fait, et vous êtes servie :
Pyrrhus rend à l'autel son infidèle vie.

HERMIONE

Il est mort ?

ORESTE

Il expire ; et nos Grecs irrités
Ont lavé dans son sang ses infidélités.
Je vous l'avais promis ; et quoique mon courage
Se fît de ce complot une funeste image,
J'ai couru vers le temple, où nos Grecs dispersés
Se sont jusqu'à l'autel dans la foule glissés.   1500
Pyrrhus m'a reconnu.   Mais sans changer de face,
Il semblait que ma vue excitât son audace,
Que tous les Grecs, bravés en leur ambassadeur,
Dussent de son hymen relever la splendeur.
Enfin avec transport prenant son diadème,
Sur le front d'Andromaque il l'a posé lui-même.
' Je vous donne, a-t-il dit, ma couronne et ma foi :
Andromaque, régnez sur Épire et sur moi.
Je voue à votre fils une amitié de père ;
J'en atteste les Dieux, je le jure à sa mère.   1510
Pour tous mes ennemis je déclare les siens,
Et je le reconnais pour le roi des Troyens.'
A ces mots, qui du peuple attiraient le suffrage,
Nos Grecs n'ont répondu que par un cri de rage ;
L'infidèle s'est vu partout envelopper,
Et je n'ai pu trouver de place pour frapper.

ORESTE

Je vous donne, a-t-il dit, ma couronne et ma foi.

(Act V. Scene III)

Chacun se disputait la gloire de l'abattre.
Je l'ai vu dans leurs mains quelque temps se débattre,
Tout sanglant à leurs coups vouloir se dérober;
Mais enfin à l'autel il est allé tomber.   1520
Du peuple épouvanté j'ai traversé la presse
Pour venir de ces lieux enlever ma princesse,
Et regagner le port, où bientôt nos amis
Viendront couverts du sang que je vous ai promis.

HERMIONE

Qu'ont-ils fait ?

ORESTE

                    Pardonnez à leur impatience :
Ils ont, je le vois bien, trahi votre vengeance.
Vous vouliez que ma main portât les premiers coups,
Qu'il sentît en mourant qu'il expirait pour vous ;
Mais c'est moi dont l'ardeur leur a servi d'exemple :
Je les ai pour vous seule entraînés dans le temple,   1530
Madame ; et vous pouvez justement vous flatter
D'une mort que leurs bras n'ont fait qu'exécuter.
Vous seule avez poussé les coups . . .

HERMIONE

                              Tais-toi, perfide,
Et n'impute qu'à toi ton lâche parricide.
Va faire chez tes Grecs admirer ta fureur :
Va : je la désavoue, et tu me fais horreur.
Barbare, qu'as-tu fait ?   Avec quelle furie
As-tu tranché le cours d'une si belle vie ?
Avez-vous pu, cruels, l'immoler aujourd'hui,
Sans que tout votre sang se soulevât pour lui ?   1540
Mais parle : de son sort qui t'a rendu l'arbitre ?
Pourquoi l'assassiner ?   Qu'a-t-il fait ?   A quel titre ?
Qui te l'a dit ?

ORESTE

O Dieux !   Quoi ? ne m'avez-vous pas
Vous-même, ici, tantôt, ordonné son trépas ?

HERMIONE

Ah ! fallait-il en croire une amante insensée ?
Ne devais-tu pas lire au fond de ma pensée ?
Et ne voyais-tu pas, dans mes emportements,
Que mon cœur démentait ma bouche à tous moments ?
Quand je l'aurais voulu, fallait-il y souscrire ?
N'as-tu pas dû cent fois te le faire redire ?   1550
Toi-même avant le coup me venir consulter,
Y revenir encore, ou plutôt m'éviter ?
Que ne me laissais-tu le soin de ma vengeance ?
Qui t'amène en des lieux où l'on fuit ta présence ?
Voilà de ton amour le détestable fruit :
Tu m'apportais, cruel, le malheur qui te suit.
C'est toi dont l'ambassade, à tous les deux fatale,
L'a fait pour son malheur pencher vers ma rivale.
Nous le verrions encor nous partager ses soins ;
Il m'aimerait peut-être ; il le feindrait du moins.   1560
Adieu.   Tu peux partir.   Je demeure en Épire :
Je renonce à la Grèce, à Sparte, à son empire,
A toute ma famille ; et c'est assez pour moi,
Traître, qu'elle ait produit un monstre tel que toi.

SCÈNE IV

Oreste, seul

Que vois-je ? est-ce Hermione ?   Et que viens-je d'en-
                                                    tendre ?
Pour qui coule le sang que je viens de répandre ?
Je suis, si je l'en crois, un traître, un assassin.

Est-ce Pyrrhus qui meurt ? et suis-je Oreste enfin ?
Quoi ? j'étouffe en mon cœur la raison qui m'éclaire ;
J'assassine à regret un roi que je révère ;   1570
Je viole en un jour les droits des souverains,
Ceux des ambassadeurs, et tous ceux des humains,
Ceux même des autels où ma fureur l'assiège :
Je deviens parricide, assassin, sacrilège.
Pour qui ?   Pour une ingrate à qui je le promets,
Qui même, s'il ne meurt, ne me verra jamais,
Dont j'épouse la rage.   Et quand je l'ai servie,
Elle me redemande et son sang et sa vie !
Elle l'aime ! et je suis un monstre furieux !
Je la vois pour jamais s'éloigner de mes yeux !   1580
Et l'ingrate en fuyant me laisse pour salaire
Tous les noms odieux que j'ai pris pour lui plaire !

SCÈNE V

Oreste, Pylade, Soldats d'Oreste

PYLADE

Il faut partir, Seigneur.   Sortons de ce palais,
Ou bien résolvons-nous de n'en sortir jamais.
Nos Grecs pour un moment en défendent la porte.
Tout le peuple assemblé nous poursuit à main forte.
Aux ordres d'Andromaque ici tout est soumis ;
Ils la traitent en reine, et nous comme ennemis.
Andromaque elle-même, à Pyrrhus si rebelle,
Lui rend tous les devoirs d'une veuve fidèle,   1590
Commande qu'on le venge, et peut-être sur nous
Veut venger Troie encore et son premier époux.
Allons.   N'attendons pas que l'on nous environne :

PYLADE

Mais du haut de la porte enfin nous l'avons vue,
Un poignard à la main, sur Pyrrhus se courber,
Lever les yeux au ciel, se frapper et tomber.

(Act V, Scene V)

Nos Grecs nous rejoindront ; et tandis qu'Hermione
Tient encore le peuple autour d'elle arrêté,
Voilà notre chemin, sortons en sûreté.

ORESTE

Non, non, c'est Hermione, amis, que je veux suivre.
A son dernier arrêt je ne puis plus survivre.
Partez : j'ai fait le crime et je vais l'expier.

PYLADE

Hermione, Seigneur ?   Il la faut oublier.   1600
Quoi ? toujours l'instrument et l'objet de sa rage,
Cherchez-vous chez les morts quelque nouvel outrage ?
Et parce qu'elle meurt, faut-il que vous mouriez ?

ORESTE

Elle meurt ?   Dieux ! qu'entends-je ?

PYLADE

                              Hé quoi ? vous l'ignoriez ?
En rentrant dans ces lieux nous l'avons rencontrée
Qui courait vers le temple, inquiète, égarée.
Elle a trouvé Pyrrhus porté sur des soldats
Que son sang excitait à venger son trépas.
Sans doute à cet objet sa rage s'est émue.
Mais du haut de la porte enfin nous l'avons vue,   1610
Un poignard à la main, sur Pyrrhus se courber,
Lever les yeux au ciel, se frapper et tomber.

ORESTE

Grâce aux Dieux !   Mon malheur passe mon espérance.
Oui, je te loue, ô ciel, de ta persévérance.
Appliqué sans relâche au soin de me punir,
Au comble des douleurs tu m'as fait parvenir ;

Ta haine a pris plaisir à former ma misère ;
J'étais né pour servir d'exemple à ta colère,
Pour être du malheur un modèle accompli.
Hé bien ! je meurs content, et mon sort est rempli.   1620
Où sont ces deux amants ?   Pour couronner ma joie,
Dans leur sang, dans le mien, il faut que je me noie ;
L'un et l'autre en mourant je les veux regarder.
Réunissons trois cœurs qui n'ont pu s'accorder.
Mais quelle épaisse nuit tout à coup m'environne ?
De quel côté sortir ?   D'où vient que je frissonne ?
Quelle horreur me saisit ?   Grâce au ciel, j'entrevoi . . .
Dieux ! quels ruisseaux de sang coulent autour de moi !

PYLADE

Ah ! Seigneur.

ORESTE

          Quoi ?   Pyrrhus, je te rencontre encore ?
Trouverai-je partout un rival que j'abhorre ?   1630
Percé de tant de coups, comment t'es-tu sauvé ?
Tiens, tiens, voilà le coup que je t'ai réservé.
Mais que vois-je ?   A mes yeux Hermione l'embrasse ?
Elle vient l'arracher au coup qui le menace ?
Dieux ! quels affreux regards elle jette sur moi !
Quels démons, quels serpents traîne-t-elle après soi ?
Hé bien ! filles d'enfer, vos mains sont-elles prêtes ?
Pour qui sont ces serpents qui sifflent sur vos têtes ?
A qui destinez-vous l'appareil qui vous suit ?
Venez-vous m'enlever dans l'éternelle nuit ?   1640
Venez, à vos fureurs Oreste s'abandonne.
Mais non, retirez-vous, laissez faire Hermione :
L'ingrate mieux que vous saura me déchirer,
Et je lui porte enfin mon cœur à dévorer.

PYLADE

Il perd le sentiment.   Amis, le temps nous presse :
Ménageons les moments que ce transport nous laisse.
Sauvons-le.   Nos efforts deviendraient impuissants
S'il reprenait ici sa rage avec ses sens.

NOTES

FIRST PREFACE

(The figures refer to the page and line.)

This was the preface to the edition of 1668. The lines of Virgil are taken from *Æneid* (Bk. III, 292–332) and the translation is as follows : " We sail along the coast of Epirus, enter a harbour of Chaonia (a region of Epirus) and ascend to the lofty city of Buthrotum. . . . It happened that that day Andromache was bringing due offerings and funeral gifts to the ashes of Hector ; she summoned his spirit to the empty tomb which she had crowned with fresh turf and two altars that called forth her tears. With eyes cast down and whispering words she spoke : ' O maiden daughter of Priam, happy beyond all others, destined to die by an enemy grave under Troy's high walls, neither suffering the division by lot nor made a slave to the bed of a captor ! I, leaving my country in flames, dragged across distant seas, have born a child of servitude, enduring the proud spirit of the son of Achilles, that haughty prince ; who, after turning to Hermione, allied himself with the blood of Sparta, the race of Leda. Then Orestes, burning with passion for the wife of whom he had been robbed, and pursued by the Furies of crime, surprised him unawares and slew him by the altar of his fathers.' "

1. 23. l'Andromaque d'Euripide : Euripides (480–406 B.C.) was one of the three great tragedians of ancient Greece. In his play of *Andromache* she has a son by Pyrrhus and the story is mainly of her attempt to save her son from the fury of her rival, Hermione. Racine's play owes little to Euripides, except the character of Hermione.

2. 29. Sénèque : L. Annæus Seneca (4 B.C.–65 A.D.) was a Roman writer who re-cast Greek tragedy in a Latin form. His plays were rhetorical and epigrammatic,

79

with little character drawing. They were much read and admired at the time of the Renaissance. Their influence on early French drama was considerable and not always beneficial—some of the *pointes* in *Andromaque* are Senecan in style.

2. 35. **Céladon** : the hero of *L'Astrée*, a novel in five volumes of more than 5500 pages by Honoré d'Urfé (1568–1625). This novel of chivalrous love had an enormous prestige and later writers used the name Céladon to represent the perfect lover, with a touch of irony.

2. 47. **Horace** : Quintus Horatius Flaccus (65–8 B.C.), the celebrated Roman poet, whose *Ars Poetica*, a treatise on poetry, was the model for many of the kind. The words referred to are from line 121 : ' Impiger, iracundus, inexorabilis, acer.'

2. 49. **Aristote** : The famous Greek philosopher Aristotle (384–322 B.C.). The passage referred to is from the 13th chapter of his *Poetics*.

SECOND PREFACE

This was the preface to the edition of 1676 and to subsequent editions.

3. 87. **Molossus** : The son of Andromache by Pyrrhus in the version followed by Euripides.

4.104. **Ronsard** : (1524–1585) published the first four cantos of his *Franciade* in 1572 ; it remained incomplete. The hero of this epic is the son of Hector who, after the fall of Troy, is led by the gods to the coast of Gaul where he founds the French monarchy.

4.116. **Hérodote** : Herodotus (484–425 B.C.), the first great Greek historian. The reference here is to Chapters CXIII–CXV of the Second Book of his history, which is the book dealing with Egypt.

5.123. **Homère** : See line 167 of Homer's *Iliad*, XXI.

5.126. **Œdipe** : See Sophocles' *Œdipus Rex*, 1224 ff.

5.127. **Euripide** : See Euripides' *Phœnissæ*, 1456 ff.

ANDROMAQUE

(The figures refer to the lines.)

Note on the vocabulary

Certain poetic words are used in place of the more

ordinary ; thus ' anger ' is commonly expressed by *courroux*, ' death ' by *trépas*, ' marriage ' by *hymen*. There are several metaphorical words for ' love,' such as *flamme* and *feu* or *fers* and *chaînes*. *Vœux*, meaning literally ' vows,' is susceptible of several translations of which ' love ' is often correct. ' Life ' is often expressed by *jour* or *jours*.

ACT I
SCENE I

Pylade, in Greek tragedy, is the faithful friend and confidant of Oreste. It is assumed that their ships have become parted when in sight of Epirus (line 12) and in this scene their reunion after six months is shown. Oreste explains the situation to his friend and thus, indirectly, to the audience—a common device in scenes of exposition.

3. **son courroux** : ' its hostility,' *i.e.*, the hostility of his destiny.
4. **elle** : *i.e., ma fortune.*
   rejoindre : ' reunite.'
5. **vœux** : ' wishes.'
9. **en** : ' for it.'
12. **aux yeux de** : ' in sight of.'
   l'Épire : a coastal region in the N.W. of Greece.
   écarta : ' separated.'
13. **combien . . . d'alarmes** : these words are to be translated together.
29. **en esclave** : ' as a slave.'
30. **lui** : *i.e., l'amour.*
32. **ses fers** : the chains of love.
41. **Ménélas** : Menelaos, King of Sparta. His daughter, by his wife Helen, was Hermione.
42. **vengeur de sa famille** : though Achilles was killed, his son, Pyrrhus, lived to bring about the downfall of Troy and hence to avenge the affront of Helen's elopement with Paris.
44. **ennuis** : a much stronger word in the seventeenth century ; ' sufferings.'
55. **rabaissant** : ' belittling.'
58. **trompeur** : ' deceptive.'

74. **l'ingénieux Ulysse :** the stock Homeric adjective for Ulysses was ' wily,' πολυμῆτις.

79. **en :** ' by it.'

81. **où :** ' in which ' or ' amid which.' In modern French, *dans lesquels*.

82. **il s'élève . . . une secrète joie :** ' there rises a secret joy.'
    en la mienne : *i.e.*, *âme*, ' in my soul.'

86. **De mes feux mal éteints je reconnus la trace :** possibly an echo of Virgil's *Æneid*, IV, 23 : Agnosco veteris vestigia flammae (I recognize the traces of an old passion).

98. **en aveugle :** ' blind as I am, blindly.'

103. **encor :** note the spelling, necessitated by the scansion.

110. **de haine :** ' with hatred.'

111. **lui :** the construction is the same as with *faire* ; the object of *voit* is in the dative because the following infinitive is transitive.

117. **lui :** refers to Hermione and the words *l'hommage de ses vœux* are to be taken together.

128. **il la viendra presser :** (seventeenth century) *il viendra la presser*.

135. **lui montrez :** (seventeenth century) *montrez-lui*.

138. **irriter :** ' excite,' ' increase.'

SCENE II

It is to be noted that a new scene does not mean a pause or change of scenery but merely indicates the entry or exit of a character. Phœnix is parallel to Pylade and plays the part of confidant to Pyrrhus. The rôle of confidant, a well-established convention in later Greek drama, was a device for avoiding monologues. In this scene the character of Pyrrhus, dignified, proud and stubborn, is brought out. Oreste gives the reasons for the Greeks' fear of Astyanax ; they are afraid that the warlike spirit of Troy will live in Hector's son.

152. **relever :** ' revive.'

169. **envie :** ' desire,' as always.

175. **seigneur :** the carrying over of the sense from one line to another (*enjambement*) was allowed only if the second line began with a vocative, as here.

178. méritât : subjunctive, after a word of believing used interrogatively (*qui croirait ?*).

181. prétend-on : ' do they claim.'

189. Hécube : Hecuba, wife of Priam, was assigned as a captive to Ulysses.

sa misère : ' her wretchedness,' a common meaning of *misère* in the seventeenth century.

190. Cassandre : Cassandra, daughter of Priam, became Agamemnon's slave and followed him to Argos, another chief city of Homeric Greece.

192. enfin : ' finally ' ; this word is used to show the last of a series of arguments.

194. jour : ' life.'

197. cette ville : ' that city,' *i.e.*, Troy.

199. l'Asie : Asia Minor.

The lines from 197 to 204 are a good example of the eloquent pathos of which Racine was a master.

207. Priam : king of Troy and grandfather of Astyanax.

210. appuyaient leur défense : ' relied for protection.'

213. Mon courroux aux vaincus ne fut que trop sévère : see *Æneid*, II, 499–500.

223. Où le seul fils : in modern French, *ou seul le fils*.

227. dans le sien : *i.e.*, *sang*.

elle : *i.e.*, *leur colère*.

228. il les peut attirer : (seventeenth century) *il peut les attirer*.

234. Dont la Grèce d'Achille a payé le service : *dont la Grèce a payé le service d'Achille*. The allusion is to the famous quarrel of Achilles with the Greek chieftains, when a Trojan captive, allotted to him, was afterwards claimed by Agamemnon. It was this quarrel that caused Achilles to retire to his tent and refuse to fight. Hector took advantage of the retirement of Achilles to kill even greater numbers of the Greeks.

239. Hermione, Seigneur, arrêtera vos coups : Hermione will intervene to prevent a conflict between Pyrrhus and the other Greeks, led by her father, Menelaos.

SCENE III

252. en : ' by her.'

254. charmés : cf. line 259, *un espoir si charmant*. This is French seventeenth-century gallantry, quite out of keeping with the Greek setting.

256. que . . . de contrainte et d'ennui : these words are to be translated together.

SCENE IV

Pyrrhus reveals to Andromaque the demands of the Greeks. He promises to protect Astyanax, but on condition that Andromaque accepts his offer of marriage. When she refuses his tone becomes more threatening. This is one of the finest scenes of the play.

268. Quelque Troyen vous est-il échappé ? : note the bitterness and scorn of this retort

276. intérêt : ' affection.'

283. dussent-ils : ' though they should ask.'

285. coutât-il : ' though it should cost.'

288. mes jours : ' my life.'

290. Me refusez-vous un regard moins sévère ? : a line of gallantry again, verging upon preciosity.

307. De cent peuples pour lui combattre la rigueur : translate together, *la rigueur de cent peuples*.

313. la Phrygie : Phrygia was a coastal district of Asia Minor, one of whose chief cities was Troy.

314. votre sang : *i.e.*, ' the blood of your kinsmen.'

320. Brûlé de plus de feux que je n'en allumai : an epigrammatic line and the stock language of gallantry.

330. Ilion : another name for Troy.

338. c'est un exil que mes pleurs vous demandent : the pathos of these lines lies in their movement ; in the shortened line after *Seigneur*.

341. Votre amour contre nous allume trop de haine : *votre amour allume trop de haine contre nous*.

343. gênez : ' torture.' The word was much stronger in the seventeenth century.

345. De mes vœux on lui promit l'empire : *l'empire de mes vœux*. The language of gallantry again : ' the empire of my heart.'

356. aurait-elle oublié : ' can she have forgotten ? '

365. Oui, mes vœux ont trop loin . . . : literally : ' the violence of my passion has been carried too far for it ever to end in mere indifference.'

371. je ne prétends pas : 'I do not intend.'
378. sur ses pas : 'following in his steps.'

ACT II
SCENE I

Cléone plays the same part of confidante with regard to Hermione as Pylade with Oreste and Phœnix with Pyrrhus.

Hermione reveals to Cléone that she still loves Pyrrhus and that the love of Oreste annoys her.

388. si je m'en croyais : 'if I followed my own desires.'
405. ce que vous mande un père : 'what are your father's requests.'
413. il y va de ma gloire : 'my honour is at stake.'
427. irriter : 'excite, increase.'
431. Crois que dans son dépit mon cœur est endurci : *endurci dans son dépit*, 'unshaken in its resentment.'
441. troubler : a much stronger word than the English 'trouble.' So line 450.
462. amour : feminine, as frequently in the seventeenth century.
472. est sensible : 'is sensitive, has feelings.'

SCENE II

Hermione receives Oreste, who declares his love. She promises that if Pyrrhus will not give up Astyanax, she will return with Oreste to Greece.

491. des peuples cruels : the allusion is to the story of Oreste's visit to Scythia, whence he carried away the statue of Diana and his sister Iphigenia, who was held captive as a priestess there. The story is beautifully told in Goethe's *Iphigenie*. Oreste's gallantry makes him conceal the fact that his visit to these barbarians was involuntary, being the result of shipwreck.
497. leur : *i.e.*, 'of your eyes.'
504. si j'en avais trouvé d'aussi cruels que vous : a neat *pointe*.
511. dégagez-vous des soins : 'discharge your task.'
533-4 leurs, leur, leurs : refer to her eyes.

568. **Venez dans tous les cœurs faire parler vos yeux :** the line is an example of preciosity.
572. **Phrygienne :** *i.e.*, Andromaque ; see note on line 313.

SCENE III

Oreste has a moment of triumph, feeling certain that Pyrrhus will not give up Astyanax. The next scene shatters his hopes.

SCENE IV

611. **je relevais Troie :** ' I was raising Troy again,' *i.e.*, in the person of Hector's son.
617. **l'assurer :** ' assure it,' *i.e.*, peace.
621. **son père :** Agamemnon, father of Hermione.

SCENE V

Pyrrhus declares to Phœnix that his love for Andromaque is dead. But he protests overmuch.

628. **Ainsi qu'à tous les Grecs, Seigneur, vous rend à vous :** *vous rend à vous ainsi qu'à tous les Grecs, Seigneur.*
646. **Que son fils me la dût renvoyer désarmée :** 'that her (love for her) son must have sent her back to me in surrender.'
647. **succès :** ' result.'
653. **Voilà ses yeux, sa bouche, et déjà son audace :** possibly a recollection of *Æneid*, III, 490 : *sic oculos, sic ille manus, sic ora ferebat,* ' these were the eyes, the hands, this the face he bore.'
655. **attend-elle :** for *s'attend-elle,* ' does she expect ? '
658. **ce qui la flatte :** ' what gives her hope.'
688. **je le doi :** note the archaic spelling to rhyme with *moi*.

ACT III

SCENE I

Oreste tells Pylade that he will carry off Hermione by force. Pylade, after vainly trying to dissuade his friend, offers to assist but counsels dissimulation.

743. **son cœur :** ' her heart,' *i.e.*, Hermione's.
749. **quand Pyrrhus vous l'aurait accordée :** ' even if Pyrrhus had bestowed her upon you '; a common meaning of *quand* with the conditional.
775. **De quelque part sur moi que je tourne les yeux :** *sur moi* goes with *je tourne* ; ' howsoever I consider myself.' Oreste is referring to the destiny which caused him to put his mother to death for the murder of his father, Agamemnon.
779. **Mais toi . . . que moi ? :** a possible recollection of Euripides' *Orestes*, 1068–78. Pylade is the type of faithful friend whom no threatened dangers can shake from his fidelity.
801. **gardez :** *prenez garde*.
803. **je la voi :** note the archaic spelling to rhyme with *moi*.

SCENE II

On the entry of Hermione, Oreste follows his friend's advice and pretends to a dignified renunciation.

SCENE III

Hermione rejoices at her approaching marriage and refuses to pity Oreste. She reveals herself as the naive egoist.

835. **auteur de son ennui :** ' responsible for his own misfortune.'
836. **perdu :** ' destroyed.'
843. **sans l'appui :** ' but for the help.'

SCENE IV

Andromaque comes in with her confidante Céphise. She begs Hermione to intercede with Pyrrhus for her son's life. Hermione bids her try her own powers. She speaks with coldness and sarcasm.

860. **pleurante à vos genoux :** the present participle was not invariable in the seventeenth century.
865. **ma flamme . . . s'est enfermée :** possibly a recollection of Dido's words in *Aeneid*, IV, 28–29, *ille meos,*

primus qui me sibi iunxit, amores abstulit : *ille habeat secum servetque sepulcro*, ' he who was my husband has carried away my love ; let him keep and preserve it in the grave.'

870. son intérêt : ' devotion to him.' Cf. line 276.

874. votre mère : Helen. A reference to Homer's *Iliad*, XXIV, 768–772, where Helen, mourning for Hector, says that he consoled her for the bitter words often addressed to her.

879. Sur les soins de sa mère on peut s'en assurer : the *en* is pleonastic.

SCENE VI

Andromaque, in terror at Pyrrhus' resolve, brings herself to supplicate and flatter him.

909. sa grâce : ' mercy for him.'

911. c'en est fait : ' it is finished with.'

915. sans vous : ' but for you.'

930. et mon époux sanglant traîné sur la poussière : Hector's body was dragged behind Achilles' chariot around the walls of Troy. The lines are an echo of Euripides' *Andromache*, 400–403.

938. jadis Priam soumis fut respecté d'Achille : see Homer's *Iliad*, XXIV, 468–520.

SCENE VII

Pyrrhus offers the final alternative : to accept him and save her son or to refuse him and lose Astyanax.

961. serments : the love sworn to Hermione.

976. perdre : ' destroy.'

SCENE VIII

Andromaque, in conversation with Céphise, wrestles with the dread alternatives. She describes in how loathly a form Pyrrhus first appeared to her. She seems about to yield to his demands, but the Act closes on a note of ambiguity.

983. lui-même il porterait votre âme à la douceur : Hector himself would urge you to yield.'

986. **mânes :** Latin *manes,* the spirit of a dead person.
 en rougissent : ' blush at it.'
996. **Ensanglantant l'autel qu'il tenait embrassé :** see
 Virgil, *Aeneid,* II, 501–2.
1002. **Et de sang tout couvert échauffant le carnage :** see
 Virgil, *Aeneid,* II, 469–482 ; 491 ; 499 ; 526–532.
1017. **Ce fils, que de sa flamme il me laissa pour gage :**
 translate : ' My son, whom he left me as a pledge of
 his love.' The Latin *pignus* is so used of a child.
1021. **Chère épouse :** these lines are a recollection of a
 famous passage from *Iliad,* VI.
1029. **l'entraîne :** should involve Astyanax too.

ACT IV
SCENE I

Céphise endeavours to be gay before the wedding
of Andromaque. Andromaque is strangely calm and
interrupts suddenly with the cry : *Céphise, allons le
voir pour la dernière fois* (' let us go and see my son
for the last time '). She then explains that she will
marry Pyrrhus to obtain his protection for Astyanax,
and at once kill herself. She bids Céphise tell her
son his parents' story.

1061. **il lui laisse sa garde :** Pyrrhus has left his bodyguard
 to protect Astyanax against the possible fury of the
 Greeks. Contemporary critics of the play objected
 to Pyrrhus' carelessness for his own safety.
1069. **croître** could be written *craître* to rhyme visibly with
 maître. It used to be pronounced *craître.*
1109. **Fais-lui valoir l'hymen où je me suis rangée :** literally,
 ' make this marriage to which I have consented be of
 value in his eyes ' : *i.e.,* ' make him appreciate it.'

SCENE III

Hermione asks Oreste to slay Pyrrhus, now while
he is unguarded. Oreste demurs and asks for a more
suitable occasion. Hermione wins his assent by
threatening to slay Pyrrhus herself.

1178. **trop avant :** ' too deeply.'
1191. **opprimé :** ' slain.' A Latinism.

1199. **doutez d'un courroux incertain :** ' fear the uncertainty of my anger.'
1201. **perdre :** ' destroy.'
   prévenir sa grâce : ' forestall his pardon.
1211. **je ne m'en défends plus :** ' I hesitate no longer.'
1219. **les :** *i.e.*, ' the guards.'
1226. **elle :** *i.e.*, *leur haine.*
1239. **mon courage :** ' my heart, my spirit.'

SCENE IV

Hermione, in a terrible speech, regrets the pleasure she has forgone in not killing Pyrrhus herself. She is just telling Cléone to ensure that Pyrrhus shall know that it is her wish that he should die, when he himself approaches.

1258. **si je dois m'en remettre :** ' whether I should rely on anyone but myself.'
1261. **mon injure :** ' the wrong done to me.'

SCENE V

Pyrrhus comes quietly to inform Hermione that he will marry Andromaque. He makes no excuses and asks her to upbraid him to her heart's content. Hermione answers that he has come to make mock of her. He replies that she can never have loved him. At this Hermione cries out that she has always loved him passionately : then bids him go and marry her rival.

1276. **mon abord :** ' my coming ' : in modern French *mon arrivée.*
1308. **m'en dira :** literally, ' will speak me more (reproaches) as you will speak me less ' ; *i.e.*, ' will reproach me the more, the less you reproach me.'
1333. **du vieux père d'Hector :** the aged Priam. Note the wild bitterness and the taunts of these lines.
1338. **Polyxène :** another daughter of Priam.
1343. **du sang que j'ai versé :** because the blood was shed for the sake of Hermione's mother, Helen.

SCENE VI

Like the chorus in an old Greek play, Phœnix

speaks words of prudence, counselling Pyrrhus not to
ignore ' a lover in fury, seeking vengeance.'   Pyrrhus
goes to meet Andromaque.   The supreme crisis of
the play has come.

ACT V
SCENE I

Hermione justifies her action in her own sight by
the thought of Pyrrhus' coldness and his contempt of
her threats.   Her mood suddenly changes to terror
as Cléone enters.

1398. au moins étudiée : ' even feigned (grief).'
1408. aussi bien : ' in any case.'
1429. devant qu'il : (seventeenth century) *avant qu'il.*

SCENE II

Cléone describes the wedding ceremony now taking
place.   Hermione asks, with one last hope, whether
Pyrrhus shows any sign of remembering her, of
contrition.   The answer is, none.   And Oreste ?
Cléone says that he is torn by conflicting emotions.
Hermione cries that he is a coward and that she will
herself deal the blow.

1468. soi-même :   (seventeenth century) ;   in modern
      French, *lui-même.*
1480. ils : *i.e.,* her eyes.
1481. je prétends : ' I claim.'
1487. troublons l'événement : ' let us disturb the con-
      clusion.'

SCENE III

Oreste tells of the last moments of Pyrrhus.
Hermione shrinks from him and cries out against
the foul murder.

1493. Madame, c'en est fait : this whole speech is on the
      model of a messenger's speech in a Greek play,
      where scenes of violence were not shown on the
      stage but were described by an eye-witness.
1497. mon courage : ' my heart.'

1549. quand je l'aurais voulu : ' even if I had wished it.'
1550. n'as tu pas dû : literally, ' shouldn't you have been
told a hundred times (before you took any action) ? '
Translate : ' should not you have confirmed it a
hundred times ? '

SCENE IV

Oreste, justifiably, expresses his bewilderment.

1569. la raison qui m'éclaire : ' the light of reason which is
in me.'
1576. qui même, s'il ne meurt : ' who refuses to look upon
me unless he dies.'

SCENE V

Pylade tells Oreste that they are nearly surrounded
by an angry populace and must flee. He describes
Hermione's death. Oreste cries out that he has
suffered too much. The play ends with a paroxysm
of madness in which Oreste sees the forms of Hermione
and Pyrrhus again, and the snake-headed Furies.

1637. filles d'enfer : The Furies, daughters of Hades, with
snakes for hair, were supposed in Greek mythology
to pursue the man of guilty conscience till they drove
him mad. They were followed by ravening dogs
(l'appareil qui vous suit).
1645. le sentiment : ' his senses.'